JN262035

新・MINERVA
福祉ライブラリー
16

住民と創る地域包括ケアシステム

名張式自治とケアをつなぐ総合相談の展開

永田 祐 著

ミネルヴァ書房

目　次

序　章　ローカルな実践知の可能性……………………………………1
 1　本書が伝えたいこと……………………………………………1
 2　ローカルな実践知の意味………………………………………3
 3　ローカルな実践知から新しいイノベーションを……………5
 4　本書の目的，構成と方法………………………………………6
 5　本書の方法の特徴………………………………………………9

第1章　地域包括ケアと総合相談の理論………………………………13
 1　地域包括ケアとは何か…………………………………………13
  （1）地域包括ケアの定義　13
  （2）地域包括ケアシステムの方向性　17
 2　「地域の力」と「専門職の力」………………………………19
  （1）「地域の力」に期待されること　19
  （2）「地域の力」と「専門職の力」　21
  （3）一人の問題を地域の問題に——個と地域の一体的支援　22
 3　総合相談の内容と圏域…………………………………………23
  （1）総合相談の内容　23
  （2）総合相談の圏域　26
 4　地域包括ケアのデザイン………………………………………27
  （1）地域包括ケアにおける調整問題と市町村の役割　28
  （2）地域包括ケアの機能　30
 5　先行研究の要約…………………………………………………32

第2章　自治とケアをつなぐ政策 …………………………………… 35

1　名張市の地域内分権 ……………………………………………… 35
　　（1）名張市の概要　35
　　（2）地域内分権とは何か　37
　　（3）住民の側からみた地域内分権の必要性　40
　　（4）地域内分権の具体的な内容　41
　　（5）ゆめづくり地域予算制度の内容　44
　　（6）地域団体と補助金の統合　46

2　名張市の地域福祉計画と地域包括ケアシステム ……………… 47
　　（1）地域福祉計画の策定　47
　　（2）まちの保健室の位置づけ　52

3　地域内分権と地域福祉・地域包括ケアの展開過程 …………… 55

第3章　身近な総合相談窓口の機能を「見える化」する ……… 61

1　地域での地道な実践を「見える化」したい …………………… 61
2　事例検討会を通じてまちの保健室の機能を「見える化」する …… 63
3　まちの保健室の機能の柱──5つの機能 ……………………… 69
　　（1）安心して相談できる地域の情報拠点　69
　　　　　──まちの保健室という「場」の性格
　　（2）パイプ役（核）としての機能　71
　　（3）長期のかかわり　74
　　（4）地域とのかかわり　79
　　（5）専門職でありながら専門職らしくないワーカーのかかわり　82

4　まちの保健室の実践評価と課題 ………………………………… 84
　　（1）ワーカーの考える達成度の分析　84
　　（2）課題についての示唆　88

5　アクションリサーチとしての研究事業の成果 ………………… 89

第4章　住民・地域の視点からみたまちの保健室 ……………… 95

1　地域づくり組織と地域福祉の展開 ……………………………… 95
　　　　──すずらん台地区の取り組みから

　　　　（1）すずらん台地区の概況　95
　　　　（2）ライフサポートクラブの設立　96
　　　　（3）ライフサポートクラブのしくみ　98
　　　　（4）ライフサポートクラブとまちの保健室の連携　99
　2　波及する地域づくり組織の取り組み……………………………………103
　3　民生委員の視点からみたまちの保健室………………………………105
　　　　（1）民生委員調査の概要　105
　　　　（2）まちの保健室との連携　107
　　　　（3）民生委員が感じる「まちの保健室があってよかったこと」　110
　　　　（4）実際の民生委員の声　111
　　　　（5）民生委員とまちの保健室との関係　113
　4　まちの保健室と基礎的コミュニティにおける小地域福祉活動………115
　　　　（1）サロン参加者調査の概要　117
　　　　（2）つつじ南カレー亭サロン・つつじ北カレー亭サロンの概要　118
　　　　（3）サロンは住民による重層的な見守りの一部　119
　　　　（4）まちの保健室との連携　119
　　　　（5）参加回数と主催者側との関係変化の認識　123
　　　　　　──「相談」より「知る機会」
　　　　（6）小地域福祉活動とまちの保健室との関係　125

第5章　見守りケースからみたまちの保健室……………………………131

　1　見守りに関する先行研究のまとめ──理論的検討……………………131
　　　　（1）見守りとは何か　131
　　　　（2）専門職による見守りの役割　135
　　　　（3）名張市でのこれまでの取り組みと研究の目的　137
　　　　（4）研究の方法　140
　2　見守りの全体像……………………………………………………………142
　　　　（1）まちの保健室の見守りの全体像　142
　　　　（2）発見のルート──見守り開始の理由　144
　　　　（3）何を見守っているのか　145
　　　　（4）つないだ社会資源──状況が変化した時にどう対応しているか　146
　　　　（5）見守りの効果──どういった結果や効果を導いているか　147
　　　　（6）見守りの全体像──まとめ　148

3 見守り体制についての分析 ………………………………… 149
　（1）見守り体制の評価　149
　　　——誰と見守っているのか，支援体制を組めているのか
　（2）見守り体制の特徴　151
　（3）まちの保健室単独見守りケースはどのようなケースか　152
4 まちの保健室における見守りの効果と課題の検証 ………… 153
　（1）見守りの効果　154
　（2）見守りの課題　156
　（3）今後の取り組み　161

第6章　実践事例から身近な総合相談窓口の機能を理解する …… 167

1 地域と一緒に支援する——まちの保健室の見守り事例 ………… 167
　（1）登場人物　167
　（2）事例概要　168
　（3）エコマップ　168
　（4）支援の経過　169
2 孤独と向き合いながら生きる——緩やかな見守りと関係づくり ……… 181
　（1）登場人物　181
　（2）事例概要　181
　（3）エコマップ　182
　（4）支援の経過　182

第7章　地域包括ケアシステムを住民とともに創る ……………… 201

1 主体的で専門職を活用できる地域の力 ………………………… 201
2 「地域の力」と連携できる「専門職の力」 …………………… 203
3 地域が主体性を発揮し，専門職が地域と連携できることを
　　促すしくみ ……………………………………………………… 204
4 ニワトリが先か卵が先か ………………………………………… 206

あとがき　209

参考文献　213

目　次

索　引　218

コラム
1　地区保健福祉センターまちの保健室雑感………………………………50
2　「ともに創る福祉」を目指して……………………………………………59
3　地域包括ケア………………………………………………………………68
4　「支援」という目には見えないものを見せていくこと………………93
　　――行政職としてのかかわり
5　福祉の理想郷を求めて――すずらん台を安住の地へ………………100
6　まちの保健室に期待すること…………………………………………116
7　つつじが丘・春日丘自治協議会とまちの保健室による
　　地域とのかかわり………………………………………………………129
8　身近な場所　まちの保健室での健康づくりや介護予防……………165
　　――住み慣れた地域で暮らし続けられるように
9　まちの保健室と一緒にすすめる権利擁護……………………………199
10　適切な行政サービスに導いてくれるまちの保健室…………………208

序章　ローカルな実践知の可能性

1　本書が伝えたいこと

　先日，ある地域で事例検討を行った。事例は，緊急を要する高齢者虐待に関するもので，生活福祉資金による当座の生活の立て直しや，成年後見制度の活用，措置入所などに関係機関が連携して取り組んだ「これぞ専門職」という内容だった。様々な論点について協議する中で，ある参加者が「どう対応するかを検討することも大切ですが，このケースがこのような状態になるまで誰も気づくことがなかったのはどうしてでしょうか」という趣旨の質問をされた。確かに，事例の中には利用者が発した SOS のサインがたくさんあった。この発言をきっかけに，事例検討の論点はどうしたらもっと早く，深刻にならないうちに地域や民生委員の力を借りながら，こうした問題にアプローチできるか，これまでの本人と地域とのかかわりはどのようなものだったのか，といった点に移っていった。

　この例のように，問題が起きてからどう解決するかを考えることが重要なことは間違いないが，多くの場合，人はある日突然大きな問題を抱えるわけではない。SOS のサインに気づけるような地域であれば，問題の早期発見ができたかもしれない。一方で，「制度につながるまでの期間」は，例えば介護支援専門員が本人と契約を結んで支援するといったフォーマルな関係ではないため，過度な介入は「監視」や「余計なお世話」と紙一重になる危険性もある。

　また，制度につながるようになってからも，私たちは，例えば介護保険制

度などのフォーマルな支援だけで生活するわけではない。日常的な生活の手助けといった具体的な支援だけでなく，世間話をしたり，お互いに気づかったりすることは介護保険などの制度を使うようになったからといって不要になるものではないはずだ。むしろ，こうした「ベース」の上に制度をのせていくような発想をしないと，専門職の支援が入ることでせっかくその人が持っている関係を壊してしまうことにもなりかねない。

　さらに，強調しておきたいのはこうした住民による様々な活動は強制しても意味がないという点である。素晴らしい取り組みを支えている住民に共通しているのは，課題を「私たちの問題」としてとらえる意識にあるように思う。例えば，認知症の問題を「私たちの問題」としてとらえることができないと，見守りは容易に「監視」になってしまい，早期発見は「気づかい」ではなく「通報」と呼ばれ，生活支援は「お互い様」の延長ではなく，「気の毒な人への支援」となってしまう。「機能」としては同じでも，地域包括ケアの姿は違ったものになってしまうだろう。このように，専門職が地域と連携する際に大切にしなければならないのは，どう住民を機能として「活用するか」ではなく，住民が福祉課題を「私たちの問題」としてとらえていくことをどのように支えていくか，という点にあるように思う。

- 「私たちの問題」としてとらえる意識

↓

<u>お互い様の意識に基づいた</u>
- 制度につながる前のSOSの察知・気づき・発見
- 日常的な手助け，支援，社会関係の維持

　繰り返しになるが，住民活動を「機能」としてだけみないということがポイントである。「活用」といわずに「協働」というのには意味がある。機能として「活用する」だけであれば，「住民を困っている人の支援に活用する」と

いえばよい。「協働する」ということは，主体性を持って問題解決の主体たらんと活動する住民をサポートし，一緒に考えていくということを意味している。

確かに，地域包括ケアを実現するためにはほかにもたくさんのテーマがある。冒頭の事例検討のように，専門職の連携や権利擁護（例えば成年後見制度の活用），そしてもちろん，医療と福祉の連携，あらゆる支援の前提となる住居の確保といったことである。こうしたことに比べると，「住民と創る地域包括ケア」は，抽象的で重要度も低いように思われるかもしれない。しかし，私たちは，専門職だけであらゆる福祉課題を解決していけるのかどうかを真剣に考えてみる必要がある。それぞれの地域の流儀に合わせた地域と専門職の協働の「かたち」を住民と一緒に創り出していくことが求められているのだ。

以上を踏まえ，本書は，福祉や地域包括ケアに関心を持つ皆さんに次のことを伝えるために企画した。それぞれの項目は，本書の第2～5章と対応している。

本書で伝えたいこと

住民とともに地域包括ケアシステムを構築していくために必要な
- 市町村が行う政策
- 身近な総合相談窓口の役割と機能
- 住民活動と専門職の連携のあり方
- 専門職による見守り活動の進め方

2　ローカルな実践知の意味

本書でお伝えしたいことを理解していただけたと思う。しかし，本書を開いていただくと，次のように考える人もいるかもしれない。「なんだ，これは三重県の名張市というところの事例か」と。例えば，本書で取り上げる名張

市の地域包括支援センターは行政の直営である。それを聞くと，委託で運営されている地域包括支援センターの職員の方は，「では，うちでは参考にならないな」と思うかもしれない。

一般的に，その地域特有の取り組みや，優れた実践者による実践を紹介した記事や本を手にした時の反応は次のようなものだろう。

まず，そうした実践を知りたい，すごいと思いながらも，その地域だから，その人だからできたという感想を持つ人も多いのではないだろうか。確かに，優れた地域にはそれを可能にした条件があるし，人がいたりする。一方で，実際にはそんなにうまく行っているはずはない，といった反感を持つ人もいるかもしれない。しかし，どちらの場合も，実践を知る意味は半減してしまうように思われる。

もちろん，提示する側に問題がある場合もある。この地域の実践は素晴らしい，ということをいくら強調しても，それだけでは単なるその地域の「達成したことの記録」にすぎない。もちろん，達成したことの記録にも大きな意味はある。それによって，勇気づけられたり，鼓舞されたりする人がいるし，そこにかかわる当事者たちを力づける意味合いもある。しかし，本書はそうしたことを目指したものではない。

本書は，地域包括ケアと総合相談の展開について，三重県名張市の地域包括支援センターと取り組んだ実践研究の記録である。現場にある問題を，現場の人と一緒に，少しでも解決するために取り組んできた。決して手放しに素晴らしい実践を「紹介」しようとしたものではない。本書は，達成したことの記録ではなく，試行錯誤やアイディア，その結果わかったことの記録である。心躍るようなヒーローたちの活躍を期待している方には申し訳ないが，突出した個人の活躍にフォーカスしたものでもない。

本書が示すのは，名張市の実践を検証することで明らかになった「実践知」である。しかし，ローカルな実践を研究や調査によって分解し，構成した「ローカルな実践知」の中にこそ，表面的な類似性を超えた他の地域が学ぶこ

とができる新しいアイディアのヒントが隠されているのではないかと私は信じている。

3　ローカルな実践知から新しいイノベーションを

　日本はこれから世界でも群を抜いて高齢化した社会となり，様々な問題に直面することになるだろう。しかし，こうした問題の解は，従来のような「公的責任か民間に任せるべきか」といった二分法的な思考では導けないだろう。
　今でも福祉関係者には「抑制アレルギー」のような思考法があり，福祉を充実させることといえば，サービスを増やすこと，お金をかけること，施設を整備することであって，それに反することはすべて「公的責任の放棄」として切り捨てる論調が存在するように思う。そうした立場は，居心地はよさそうだが，私には無責任にも映る。
　もはや行政の役割は，直接やるか，何もしないかの二分法では評価できなくなっている。お金をかければいい福祉サービスができるわけではないし，そもそも福祉サービスや施設の量だけで地域ケアの質が決まるわけでもない。今後，人口が減少し，これまでのような経済成長を当てにできない高齢化社会で必要なのは，新しい行政や専門職の役割，新しいアイディア，新しいケアを提供するしくみを考えるイノベーションである。こうしたイノベーションは，自治体病院を中核とした地域包括ケアであっても，グループホームや逆デイサービス，ユニットケア，宅老所といった社会福祉法人やNPOによる先駆的な取り組みであっても，地域住民による目を見張るような取り組みであっても，目の前の困っている人のニーズをどう解決するかという現場の試行錯誤から生まれてきたもので，イデオロギーの二分法とは無縁な場合が多い。
　地域包括ケアという「アイディア」は，そうした私たちの状況を取り巻く様々な問題の「解」として国が提示しているものだ。しかし，このアイディ

アが，イノベーションになるかどうかのかなりの部分は，実はそれぞれの市町村やそれにかかわる関係者の実践と，そこに住む住民の力にかかっている。

確かに，国が示す地域包括ケアという概念にも，介護保険制度にも，この間に進行している地方分権にも多くの問題がある。それを批判的に検討することは研究者の重要な役割であり，全く否定するものではない。しかし，本書では，意識的に楽観主義の立場に立って，行政，専門職，地域が協働して，どうすればこのアイディアをイノベーションに変えていけるのか，現場の人と考えてきた過程を通じて，考察してみたい。

4　本書の目的，構成と方法

本書が対象として取り上げるのは，三重県名張市の地域包括ケアをめぐる政策と地域包括支援センターおよびおおむね小学校区（15地区）に設置されたブランチ（まちの保健室）の実践である。

本書の目的は，名張市での取り組みを検証することで，地域包括ケアシステムについて大きく次の2点を明らかにすることである。

① 地域の力を引き出し，協働できる地域包括ケアのデザイン（市町村が行う政策）
② 地域の力を引き出し，協働していく総合相談に必要とされる役割と機能（実践）

第1の点について，名張市は，地域内分権を積極的に進め，地域内分権の受け皿である住民組織の単位（小学校区）ごとに「まちの保健室」と呼ばれる地域包括支援センターのブランチを設置し，地域社会からの支援の調達を図ろうとしている点に大きな特徴がある。地域の力を地域内分権によって高め，その単位ごとに専門職を配置することで地域の力と専門職の力を融合させて

序　章　ローカルな実践知の可能性

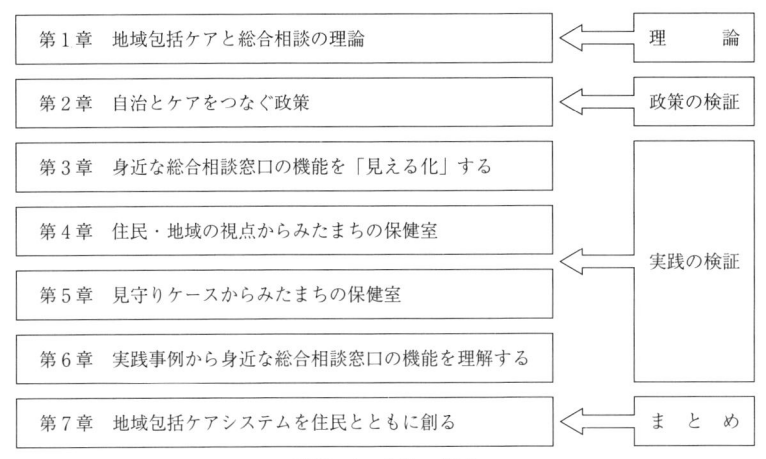

第1章　地域包括ケアと総合相談の理論	← 理　　論
第2章　自治とケアをつなぐ政策	← 政策の検証
第3章　身近な総合相談窓口の機能を「見える化」する	
第4章　住民・地域の視点からみたまちの保健室	← 実践の検証
第5章　見守りケースからみたまちの保健室	
第6章　実践事例から身近な総合相談窓口の機能を理解する	
第7章　地域包括ケアシステムを住民とともに創る	← ま と め

図序-1　本書の構成
出所：筆者作成。

いくという「デザイン」がどのように機能しているか検証し，特に基礎自治体である市町村の役割について明らかにする（第2章）。

次に2点目について，名張市が総合相談の圏域としている小学校区は，国が想定する日常生活圏域より狭域であり，こうした身近な相談窓口がどのような機能を持っているのか，その役割について明らかにする（第3章）。また，こうした身近な相談窓口と地域との連携のあり方を住民組織や民生委員，サロン活動についての調査の中から明らかにする（第4章）。そして，見守り活動における専門職の役割と地域との連携のあり方をまちの保健室の見守り事例を分析することで明らかにする（第5章）。

本書の全体の構成は，図序-1の通りである。なお，上記の検討に先立って，第1章では，地域包括ケアと総合相談について本書の視点から先行研究を整理し，第7章では地域包括ケアにおける総合相談のあり方と地域との連携のあり方，そして市町村と地域包括支援センターの役割について本書での結論を述べる。

表序 - 1 採用した方法

日　時	方法の概要	結果が言及されている章
2010年8月9日	・名張市における地域包括ケアに関するフォーカスグループインタビュー（場所：名張市保健センター，対象者:健康福祉政策室，地域包括支援センター職員，地域包括支援センターセンター長）	・2章
2010年11月29日	・名張市の地域包括ケアに関するヒアリング調査（場所：名張市役所，対象者：健康福祉部長，健康福祉政策室長，高齢・障害支援室長，地域包括支援センター，健康福祉政策室職員）	・2章
2010年8月27日～ （各月1回・全7回）	・「まちの保健室　事例検討会」の開催（参加者：15地区のまちの保健室のワーカー，スーパーバイザー：同志社大学野村裕美氏）	・3章
2011年1月15日 （ワークショップ）	・事例検討でまとめられた「まちの保健室らしい支援」「支援でよかった点」の一行見出しづくりと，それをまとめるワークショップ（参加者：15地区のまちの保健室のワーカー）	・3章
2010年11月30日	・すずらん台ライフサポートクラブ　インタビュー調査（すずらん台ライフサポートクラブ　会長　大橋健氏）	・4章
2012年1月19日（つつじ南カレー亭サロン） 2012年12月19日（つつじ北カレー亭サロン）	・つつじが丘地区　北カレー亭サロン・南カレー亭サロンの利用者に対する質問紙調査（対面）・つつじが丘　サロン主催者に対するインタビュー調査（古川高志氏，藤原繁子氏）	・4章
2011年11月17日 （中央夢づくり広場） 2011年11月29日 （おじゃまる広場）	・中央ゆめづくり広場，おじゃまる広場，さつきっ子（子育てサロン）における質問紙調査（対面）	・4章
2012年2月2日	・民生委員とまちの保健室の関係に関する質問紙調査（民生委員・児童委員協議会連合会全体研修会において配布・回収，対象者：163名）	・4章
2012年12月12日	・インタビュー調査 　・つつじが丘・春日丘地区社会福祉協議会　会長　古川高志氏 　・すずらん台ライフサポートクラブ　会長　大橋健氏 　・名張市民生委員児童委員協議会連合会　会長　田中耕造氏	・4章
2012年10～11月 （全15地区で随時実施）	・見守りに関するヒアリング調査（全ケースの聞き取り）	・5章

2012年10〜11月	・15地区まちの保健室に対する見守りに関する質問紙調査（自記式）	・5章
2013年1月15日	・まちの保健室の見守りに関するフォーカスグループインタビュー（場所：名張市役所，参加者：地域包括支援センター保健師2名，事務職員1名，センター長）	・5章
2010年8月27日	・まちの保健室の支援方法に関するグループインタビュー（場所：名張市保健センター，対象者：まちの保健室職員3名）	・6章
2011年2月14日	・まちの保健室の課題に関するフォーカスグループインタビュー（場所：同志社大学・会議室，対象者：地域包括支援センター職員，保健師，センター長，まちの保健室職員4名）	・6章

出所：筆者作成。

　読者の関心によってどの章からでも読めるように，各章が完結した内容となるよう配慮したが，「まちの保健室」や「地域づくり組織」といった名張市独自の施策については第2章で詳しく論じているので，第2章の内容を押さえたうえで実践編に進んでいただければと思う。

5　本書の方法の特徴

　本書は，名張市地域包括支援センターと2010〜2012年度と3カ年にわたって行ってきた研究の成果の一部をまとめたものである。

　2010年度は，「まちの保健室に求められている機能やワーカーの専門性，援助内容を体系的に示すことができていないため，優れた実践はあるもののそれが共通基盤となっていない」という実践課題から出発し，「まちの保健室の共通基盤となる機能」を明らかにするために，まちの保健室の実践事例の検討会を7回開催し，その中から抽出した「まちの保健室らしい実践」に共通する要素をワーカー自身が「まちの保健室の機能」としてまとめていくという方法で行った（詳細は第3章）。また，その成果はまちの保健室のワーカーが共通して持つべき共通基盤として，「まちの保健室活動マニュアル」にまとめ

た。

　一方，第3章で述べるように，こうした中で課題として見えてきたのは，地域包括支援センターのブランチであるまちの保健室が，「地域と連携した個別支援には取り組めているものの，住民の福祉活動などを支援していく地域支援については十分行えていない」という実態であったことから，2011年度は，地域活動の実態を把握し，地域支援への示唆を得ることを目的に，地域でのサロン活動の実態や効果，民生委員の活動や意識などについて質問紙を用いた調査によって明らかにした（その成果は第4章の一部となっている）。

　さらに，2012年度は，「まちの保健室が行う『見守り』の視点が明確でなく，地域包括支援センターも十分にその方向性を示すことができていない」という実践課題から出発し，見守りの基準や視点，そして効果について現状を把握し，具体的な見守り支援の方向性を明らかにすることを目的にケース記録を点検した。詳細は第5章で述べるが，ケース記録をコード化し，数量的に全体を把握するとともに，すべてのケース記録について聞き取りを行うという方法で，見守り支援の今後の方向性をまとめた。

　以上のような研究と並行して，住民組織や関係者へのインタビュー，地域福祉計画の策定委員会への参画(1)などを通じて得られたデータや知見を加えた（特に第2章と4章）。今回の研究で行った様々な方法については，表序-1を参照してほしい。

　こうした研究は，外部から研究者が実践を観察し，その実践をまとめていくというスタイルではなく，実践者（本書の場合は，名張市地域包括支援センターの職員とまちの保健室のワーカー）から提起された現場の実践課題について，その都度，解決方法を試行錯誤しながら一緒に考え，解決策を見出していくという方法をとった。最近では，こうした研究のスタイルや立場はアクションリサーチ(2)と呼ばれるが，簡単にいえば実践者と研究者が協働して，現場の問

---

(1) 筆者は，2009年度に第二次地域福祉計画の策定委員会に策定委員として参画した。

序　章　ローカルな実践知の可能性

題を共に考え，解決策を研究的な手法によって明らかにし，実践を変えるための成果を生み出していく方法である。

　本書では，複雑で高度な方法や分析は採用していない。それは，私たちが重視したのが，現場の課題に何らかの答えを得て，実践者が納得したうえで一歩でも実践を進めることにあったからである。特定の地域での事例研究は，一般的に「優れた実践の紹介」であったり，外からその実践を研究者が評価することが一般的であるが，本書で重視したのは，実際に現場で実践に取り組んでいる人と「一緒に研究を進める」という点である。ローカルな実践知をどのように生み出していくか，その方法にも着目してほしい。

---

(2)　アクションリサーチとは，現場を舞台にして実践的な知識を生み出すことと同時に，変化（アクション）をもたらすことを目的に行われる研究のことを指し，現場の人が実際に研究に参加しながら，計画，実施（アクション），事実発見のサイクルを循環していくような研究スタイルのことをいう（筒井，2010）。

| 第1章 | 地域包括ケアと総合相談の理論 |

本章の内容

> 本章の目的は、本書全体を通じた基本的な視点を確認するために、先行研究を検討し、中心的な概念を明確にすることである。
> まず、第1節は、地域包括ケアという概念について定義し、その方向性を確認する。
> 次に、第2節では、地域包括ケアを進めるための「地域の力」と「専門職の力」についてそれぞれの内容、そして期待される役割について先行研究を検討する。特に、地域の力を機能としてだけ見ないという視点は、本書に通底する重要なポイントであり、その視点に立った専門職の役割を考える。
> そして、第3節では身近な相談窓口における総合相談について、総合相談の内容とそれが展開される場について整理し、現状について先行研究を検討する。
> さらに、地域包括ケアのデザインという概念を提示し、地域包括ケアを推進していくうえでの市町村及び地域包括支援センターの役割を確認し、現状について先行研究を検討する。

1 地域包括ケアとは何か

(1) 地域包括ケアの定義

広島県御調町（現・広島県尾道市）で地域包括ケアの実践に取り組んできた医師、山口によれば御調町での地域包括ケアの実践は、1974年後半から取り組みが開始されたという（山口，2012：13）。その後も、兵庫県五色町（現・兵庫県洲本市）や山形県最上町などの先駆的とされる地域では、自治体病院を中核に、病院内に行政の保健・福祉部門、介護サービス部門を併設することで

保健・医療・福祉の統合化を図る実践が取り組まれてきた。これらの実践では，保健・医療・福祉という3つの専門職の連携と住民に対して各種サービスがバラバラに提供されるのではなく一体性を持つことが共通していた（加川，2010：2；森本，2011：51）。しかし，森本が指摘するように，2000年の介護保険制度開始以後は，介護サービスの提供体制が民間事業者中心のシステムにシフトし，すべてを行政の関与のもとでマネジメントするこうしたモデルは，維持することが難しくなった（森本，前掲書）。このように，いったん後退したかに見えた地域包括ケアという概念は，介護保険制度が改正に向けて動き出す中で再び注目されるようになっていく。

2003年に公表された高齢者介護研究会報告書「2015年の高齢者介護」は，「介護保険の介護サービスやケアマネジメントのみでは，高齢者の生活すべてを支えきれない」とし，「介護以外の問題にも対処しながら，介護サービスを提供するには，介護保険のサービスを中核としつつ，保健・福祉・医療の専門職の専門職相互の連携，さらにはボランティアなど住民活動も含めた連携によって，地域の様々な資源を統合した包括的なケア（地域包括ケア）」が必要だと提言した。そもそも介護保険制度のみですべての福祉課題を支えることは不可能であり，介護以外の専門職や地域のインフォーマルな社会資源を「統合」することの重要性が強調された。

ここでは，介護保険以後に求められる地域包括ケアについて，この定義をベースとして，①統合される内容，②その主体，そして③それが展開される場に注目してその後の展開を確認しておきたい。

まず，統合される内容である。この報告書では，新たなサービスの提案と同時に，介護以外の問題に対処するためには，「保健・福祉・医療の専門職相互の連携とボランティアなどの住民活動などを含めた連携」によって地域の様々な資源を「包括」することを提案し，専門職間の連携に加え，インフォーマルな社会資源の重要性が強調されたことが特徴といえるだろう。インフォーマルな社会資源は，その後「互助」と位置づけられ，住民主体のサービ

スやボランティア活動が地域包括ケアの構成要素として大きな役割を期待されるようになっていく。

次に，地域包括ケアを構築する主体についてみておこう。当時は，在宅介護支援センターがこうした「統合」を推進する機関として想定されていたが，居宅介護支援事業所との役割分担が不明確になってきたことなどを理由にその役割が再検討され，周知の通り2005年の介護保険法改正では地域包括ケアを推進する機関として地域包括支援センターが誕生することになった（副田，2004；山本，2007；高橋，2012：6）。地域包括支援センターは，個別のサービスのみならず，地域住民や関係機関とのネットワーク構築といった地域包括ケアシステムの構築を担う中心的な機関であるとされた。介護保険でいったん後退した地域包括ケアにおける市町村の役割は，地域包括支援センターの設置主体として，多様な専門職や事業者，住民などのインフォーマルな社会資源を統合した包括ケアシステムを構築する主体へと再定義されたといってもよい。一方，2008年度老人保健健康増進等事業の成果として，2009年に公表された地域包括ケア研究会の報告書では，地域包括支援センターが設置されたものの地域における介護，医療，住民活動といった社会資源は，「いまだに断片化されており，有機的に連動して提供されているとは言えない」として，それらを連動させるための方法とシステムの構築が課題であるとされた（地域包括ケア研究会，2009）。また，同じく2010年に公表された同研究会の報告書でも，「介護予防関係事業に忙殺されて総合相談業務や包括的・継続的ケアマネジメントに十分取り組めていない」ことが指摘され，さらには「基幹的な地域包括支援センターは市町村が直接運営することが望ましい」と市町村の役割に踏み込んだ機能強化が提言された（地域包括ケア研究会，2010）。

最後に，地域包括ケアが展開される場についてである。「2015年の高齢者介護」では地域包括ケアが展開される場については具体的に言及されていなかったが，2009年の地域包括ケア研究会報告書では，「おおむね30分以内に駆け付けられる圏域」において「医療・介護等の様々なサービスが適切に提供

できる」ことが強調され，さらに2010年の報告書では具体的に「中学校区」を基本とすることが明記された。

このように地域包括ケアという概念は，当初の先進的な小規模自治体による自治体病院を中核とした専門職の連携を統合する取り組みから，介護保険制度開始以後は，政策的な概念として，その構成要素を増やしつつ（住民活動などのインフォーマルな資源の強調），それが展開される場（日常生活圏域，具体的には中学校区）と推進する主体（市町村と地域包括支援センター）が明確化されて今日に至っているという点を確認しておきたい。

以上のような本書で注目する観点からの検討を踏まえ，本書での地域包括ケアの定義を述べておきたい。まず最も一般的に引用される地域包括ケアの定義は，地域包括ケア研究会報告書の次の定義であろう。

> 「ニーズに応じた住宅が提供されることを基本とした上で，生活上の安全・安心・健康を確保するために，医療や介護のみならず，福祉サービスを含めた様々な生活支援サービスが日常生活の場（日常生活圏域）で適切に提供できるような地域での体制」（地域包括ケア研究会，2010：6）

一方，本書ではこの定義に加え，市町村が中核となり，地域包括支援センターがそれを推進するという「推進主体」を地域包括ケアの定義に加えて以下の通り定義しておきたい。

> 「日常生活圏域において，フォーマルなサービスとインフォーマルなサービスが連携しながら提供される，市町村が中核となってデザインするしくみ」

地域包括ケアシステムの内容は多岐にわたり，多様な観点からの論点がありうる。しかし，序章で述べたように，本書で焦点を当てるのは，特にこう

した内容のうち，日常生活圏域における住民との協働のあり方，総合相談のあり方，そして地域包括ケアシステムをデザインしていく市町村や地域包括支援センターの役割であり，残念ながら住居や医療と福祉の連携，権利擁護の問題は，本書で論じる範囲を超える。本書で論じるそれぞれのテーマについては，第2節以下で先行研究を検討する。

（2）地域包括ケアシステムの方向性

猪飼は，地域包括ケアシステムは，（地域という）「あえて効率性の低い場所でケアが展開されるという側面」が否定できず，「高価な」システムであると指摘している（猪飼, 2011：32）。したがって，十分な資源投入が行われないと，地域包括ケアシステムは「地域社会により多くの負担を強いる結果」となる一方，図1-1中b, c, dを避けながら，地点aに向かうことが必要であると論じている（図1-1参照）。

そのために猪飼が必要だとしているのは，以下の3点である（前掲書, 33）。

　　第1に地域社会からの支援の調達。
　　第2に支援主体間の連携。
　　第3に必要な技術革新が行われること。

このうち，本書の関心に引きつけていえば，第1の点と第2の点が重要である。つまり，「優れたケア内容かつ負担軽減」という地域包括ケアシステムを構築するためには，住民の自発的な支え合いを再構築（これからの地域福祉のあり方に関する研究会, 2008）し，地域住民同士の関係を強化していくこと，そして一人ひとり「不定型な」地域でのケアに対して，フォーマル・インフォーマルな多様な主体が連携し，力を発揮していくことが必要であるということになる。

このように，地域包括ケアシステムを構築していくためには，地域住民の

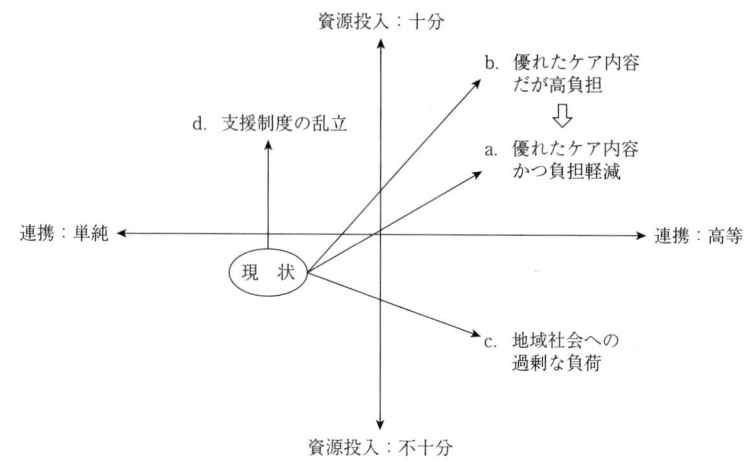

図1-1 地域包括ケアシステムのヴァリエーション
出所：猪飼（2011：32）。

力，地域の福祉力を（再）構築し，専門職がそうした力と連携していくことが不可欠である。しかしながら，そのビジョンの実現は簡単でないだけでなく，危ういものでさえある。

　簡単でない理由は，近年の地域社会での「つながり」をめぐる様々な指標が一貫して下落していることをみれば明らかであろう。自治会への加入率は依然として高いものの，多くの場合，参加は形骸化しており，近隣との関係はあいさつ程度のものへと変化している。また，変化しているだけではなく再度深い近所づきあいを求めているかというとそうした傾向もみられないことが指摘されている（石田，2011：53）。そして，こうした他者との「つながり」は，国際的にみても低いことが明らかになっている（Colombo, et.al, 2011）。さらに，地域住民は専門職とは異なって，指示や命令，介護報酬では動かない（し動かせない）ため，システム化になじまない。したがって，市町村や地域包括支援センターでは，こうした地域の力をどのように育て，連携していくかが大きな課題となるのである。一方で，こうした地域社会（地縁）の代替とし

てのボランティアやNPOといった活動に参加してみたいという人は増えているものの，実際に参加する人は極めて少ないのが現状である（石田，前掲書）。つながりは期待とは裏腹に希薄になっているのである。

一方，危うい理由は，それでもなお，財政難を理由に，地域への期待は高まるばかりであるという点にある。つまり，「地域社会における人々の連帯を強化してゆく手段を欠いたまま，それを利用する方法ばかりを考えている」（猪飼，前掲書）ということであろう。

このように，地域包括ケアシステムを構築していく上での大きな課題の一つは，地域の力をいかに高めるかという点，そして市町村や専門職がそれをどのように支え，連携していくのかという点にある。本書が検討するのもまさにこの「地域社会における人々の連帯を強化してゆく手段」もしくはそのための体制や市町村，専門職の役割についてである。すでに述べたように，こうした手段を欠いたまま，それを利用しようという狙いは，少なくとも長期的には成り立たないだろう。いたずらに制度の不備を指摘し，非現実的なシステムを提唱するのではなく（図1-1中d.），一方で，地域社会にケアを丸投げし，悲惨な結果を招かない（図1-1中c.）ためには，地域の力を高め，地域と連携していくための具体的な方法を考えていくことが喫緊の課題となっているといえる。

2　「地域の力」と「専門職の力」

（1）「地域の力」に期待されること

それでは具体的に地域に期待されている役割とは何か。地域への期待は，単に財政的な観点からにとどまらず，より本質的な意味がある。井上は，高齢者の孤立・処遇困難事例について言及する中で，地域ぐるみの対応によって対象者の早期発見を可能にする「地域社会のネットワーク化」と複数の専門職が制度横断的なニーズに対してシームレスに支援することを可能にする

「専門職のネットワーク化」が重要であると指摘している（井上，2011：116）。ここで地域社会に期待されるのは，「早期発見」である。単純化していえば，専門職は問題が顕在化するまで本人に関わることが難しい。例えば，介護支援専門員は要介護状態にならなければ，そもそも支援することはできない[(1)]。地域包括支援センターや市町村の保健師，社会福祉協議会の職員が連日，一軒一軒地域を歩き，問題を聞いて回るなどといった支援はあまりに非効率であるが，地域住民は，普段からの関係や日常の中で，「微細な声」（井上，前掲書）を発見し，専門職につなぐことができる（永田・室田，2010）。

さらに，地域社会のネットワーク化には，単に発見だけが期待されているわけではない。例えば，地域包括ケア研究会の報告書では，「地域包括ケアを支えるサービス提供体制」の中で，見守り，緊急通報，安否確認システム，食事，移動支援，社会参加の機会提供，その他電球交換，ゴミ捨て，草むしりなどの日常生活に関する支援を生活支援サービスと位置づけ，こうしたサービスの提供の主体として「自治会やNPOなど住民主体の様々な活動体」を想定している（地域包括ケア研究会，2010：27）。

このように，「地域の力」には，問題の発見や具体的な（例えば介護保険では提供できないような）生活支援サービスの提供が期待されている。一方で，単なるサービスの供給主体として住民活動を活用しようとすると，それはすでに述べた「悲惨な結果」を招く可能性がある。朝倉は，ケアが「そこにあるものとしてではなく，つくりだすものとして考えなければならなくなった」としたうえで，「当事者の生活の場である地域でともに暮らす人々との共同やまちづくりという自治を目指した関係と位置づけ」，新しい関係として「共

---

(1) できないわけではないが，そのようなインセンティブがない。田村（2008：99）は「介護保険制度の利用にあたっては，原則として本人の申請に基づき認定調査を経て，介護保険認定調査会の結果を踏まえなければ支援していくことができない」とし，介護保険制度を利用しない（すなわち報酬につながらない）個人を介護支援専門員が支援することは難しいと指摘している。

同のケア」を作ることが求められているとしている（朝倉，2010：6）。つまり，住民によるケアは単に資源としてみるだけでは不十分で，まちづくりや自治と連動するものとしてとらえていく必要があるということである。「そこにあるもの」として住民による生活支援サービスを「活用する」だけでなく，住民自身の主体性を引き出し，住民自身が作り出していくケアを市町村や地域包括支援センターをはじめとした専門職がどのように支えていけるか。こうした難しさが住民と協働した地域包括ケアシステムの構築にはあるといえるだろう。

　以上のように，「地域の力」に期待されるのは，大きく分ければ「問題の早期発見」と「生活支援サービスの提供」にあるが，それだけではなくその活動が自発的・主体的であることで，自治やまちづくりにつながっていくものとしてとらえる必要がある。しかし，住民の自発的な活動の多くは市場化できるサービスとしての標準化が難しいため，自発性・主体性をシステム化することは難しく（筒井，2012：370；松繁，2012），そもそもそれを国ではコントロールできないもしくはするべきでないという意見もある（堤，2010：143）。そこで，次に地域と連携するために必要な専門職の力について考えてみたい。

（2）「地域の力」と「専門職の力」

　以上のように地域包括ケアシステムには地域の力が必要であり，またそれを高めていくことが必要であるとされている。しかし，それは住民に丸投げすることではなく行政や事業者，住民が一緒に「作り出していくもの」でなければならないと指摘されていた。

　以前，筆者らは図1-2に示したように「地域福祉の推進力は，『地域の福祉力』と『福祉の地域力』の合力」であると論じたことがある（全国社会福祉協議会，2006）。ここでいう「福祉の地域力」とは，「専門機関（職）」が地域と連携したり，一緒に支援していく力である。

　この視点は，個々のケアの場面でいえば，専門職がかかわることでかえっ

図1-2 地域福祉の推進力

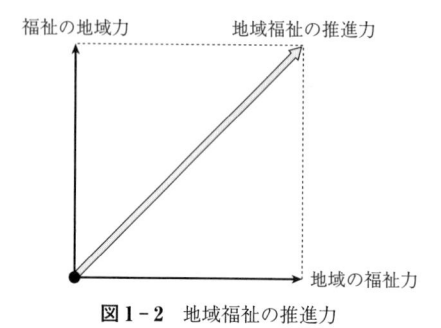

出所：全国社会福祉協議会（2006：5）。

てその人の持っている地域力（地域から支援を得る力，地域の支える力）を奪ったり，断ち切ったり，引き離したりしないこと，そして専門職が関わることで地域が安心して活動に取り組めるように支えていくことが重要であると認識することである。しばしば地域住民は専門職が関与することを知ると，安心して気にかけることをやめてしまうことがある。しかし，逆に専門職が関わることで，住民が「すべて抱えなくてよい」「いざというときは専門職に頼ればよい」という信頼感を得られれば，安心して活動に取り組めるようになる場合もある。専門機関の振る舞い次第で，「地域の力」がいきいきと役割を果たせる場合もあれば，逆もあるということである。

このように，地域の力と連携した地域包括ケアのしくみを作るということは，地域の力と連携できる専門機関，専門職を強化することが必要だと考えられる。

（3）一人の問題を地域の問題に――個と地域の一体的支援

個別の支援において，地域の力と専門職の力が協力することの必要性について述べたが，それはあくまで地域で暮らす一人をどのように支援するかという問題であった。しかし，一人ひとりの問題にその都度対応しているだけでは，場当たり的な対応しか望むことができない。例えば，ある一人暮らしをしている認知症高齢者の問題を地域や専門職が把握し，様々な社会資源に

---

(2) 例えば，木原はごみ出しサービスを行政がやることになったことに触れて，「その分，住民の助け合いが引いていくことを承知しているのか」と問い，「サービスが入ることで，助け合いが引いてしまう」ことを指摘している（木原，2012：8）。

つなぎ，地域と専門職で支えることができたとする。「個別支援」はこれで終結である。しかし，この事例を通じて地域も専門職も気づくことがあったかもしれない。例えば，その団地では今後ますます高齢化が進む。認知症で一人暮らしをしている高齢者の問題は，これからもこの団地で出てくるだろう。地域の中でサロン活動のような集う場が必要ではないか。認知症をもっと理解することが必要ではないか。そういった気づきである。そうした気づきから，専門職は住民に認知症の理解を広げる取り組みを働きかけ，活動を作っていくことを支援していくことにするかもしれない。こういった地域に働きかけていく支援を本書では「地域支援」と呼ぶ。

　岩間は，個別支援と地域支援を一体的に展開する必要性を指摘し，これを「個と地域の一体的支援」と呼んで，「地域を基盤としたソーシャルワークの担い手は，『一つの事例が地域を変える』という積極的アプローチが求められる」と指摘している（岩間，2012：41）。

　このように，地域包括ケアを推進していく専門機関（職）には，個の問題を地域の問題としてとらえる視点，個と地域を一体的に支援する視点と技術が必要であるといえるだろう。

3　総合相談の内容と圏域

（1）総合相談の内容

　総合相談は，制度上，地域包括支援センターの業務のうち，包括的支援事業の4つの業務の一つとして位置づけられているが，「他の包括的支援事業と並立の関係ではなく，地域包括支援センターの事業を展開するための基盤

---

(3) いくら頭で理解していても，実際に経験してみないとわからないことはたくさんある。一つの事例を地域や専門職が一緒に解決することで，「なるほどこうすればよいのか」「こういう時は地域包括支援センターに連絡すればよいんだな」ということを双方が学習し，次の取り組みにつながっていくということはよくあることである。

的機能を果たし，すべての事業は総合相談から始まる」(長寿社会開発センター，2010)とされているように，「ニーズ対応への入り口であり基本」(山本，2007：20)と位置づけられている。

具体的にいえば，住み慣れた地域で「生活を継続していくことができるようにするため，どのような支援が必要かを把握し，地域における適切なサービス，関係機関および制度の利用につなげる等の支援を行うもの」とされており，業務内容としては以下の3点が挙げられている(長寿社会開発センター，2010：26)。

① 総合相談
② 地域におけるネットワーク構築
③ 実態把握

こうした総合相談のとらえ方で興味深いのは，総合相談業務にネットワーク構築と実態把握が組み込まれていることである。単に相談を待つのではなく，実態を把握し，地域とのネットワークや専門職とのネットワークを構築し，ニーズの発見や解決につなげていくという姿勢を表していると考えられる。具体的にいえば，地域の高齢者の実態を把握し，それを地域のネットワークによって発見し，相談につなげ，さらには地域のネットワークとともに支援していく，ということになろう。山本は，総合相談の3つの業務は，「円環的な関係にあり，地域包括支援センターにおける早期のニーズキャッチによる予防的相談対応，その後のつなぎと見守り対応，広く家族や地域を視野においた制度横断的な取り組み」の「土台」であるとしている(山本，2007：156)。

以上のように，地域包括支援センターの業務として位置づけられている「総合相談」は，単に相談を受けるという意味ではなく，ニーズの発見からつなぎ，支援までの「基盤的機能」であり，「土台」となるものであるという点を確認しておきたい。

また，岩間は総合相談の「総合」の意味を，①地域生活上の多様なニーズを持つクライエントを援助対象とすること，②ニーズの発見から見守りまで，つまり予防的支援から継続的支援までを含めた総合的な支援，③特定のクライエントの各ライフステージに関わることができること，④多様な担い手たちが相談活動に参画し，ネットワークや連携・協働によって総合的に働きかける点，⑤「総合」の意味は，クライエントと地域との関係を重視し，総合的かつ一体的に変化を促す点，の5つに整理している（岩間，2012：32-33）。

　つまり，総合相談の「総合」には，以下の5つの「総合」が含意されているといえる。

① 対象の総合性
② 支援プロセスの総合性
③ 支援期間の総合性
④ 担い手の総合性
⑤ 個別支援と地域支援の総合性

　地域包括支援センターの業務として明示されているのは，支援プロセスの総合性，支援期間の総合性，担い手の総合性（つまり，多様な担い手が連携しながら，発見から地域生活を支えるために継続的に支援していくこと）であり，対象の総合性までは想定されていないが，先進的な自治体では対象を限定しない総合相談窓口としての役割を地域包括支援センターの役割として位置づけている場合も出てきており（安心生活創造事業推進検討会，2012：24），著名な例としては静岡県富士宮市の取り組みがよく紹介されている（土屋，2010）。また，現実的に複雑な問題を抱えた家族のような困難事例に対処する場合は多様なクライエントと関わることが求められるため，結果としてこうした総合性を求められる場合もある。

　しかし，上記のようなまさに「地域包括支援」の中核となるような機能が

十分に発揮できていないことも指摘されている。例えば，日本社会福祉士会の調査では，個別支援に関わる項目よりも地域の実態把握やネットワーク構築といった総合相談を構成する項目に対する社会福祉士の自己評価が総じて低い（日本社会福祉士会，2008）。また，東京都福祉保健局の調査でも，「業務上の課題」として最も高かったのは，「インフォーマルサービスを活用したネットワーク構築」であった（東京都福祉保健局，2010）。さらに，全国地域包括・在宅介護支援センター協議会の調査では，地域包括支援センターのネットワークづくりの阻害要因として，「他の業務が多く，時間が割けない」ことがトップに挙げられており（全国地域包括・在宅介護支援センター協会，2010），こうした業務が他の業務（例えば，予防プランの作成）などと比較して優先順位が低いことがうかがえる。

したがって，理論的に規定される様々な総合性を発揮した総合相談を展開していくためには，センターが抱える現実的な問題をどのように解決していくか，またその条件とはいかなるものかを考えていく必要があるといえるだろう。

（2）総合相談の圏域

以上のような総合相談の「窓口」はどのような圏域で設定することが望ましいのだろうか。副田は，総合相談についてハドレーらの研究を援用しながら担当エリアを小規模に設定することが，①予防的対応や初期介入の促進，②利用者と過ごす時間の増加，③コミュニティの外から働きかける方法からコミュニティとともに働く方法への変化，④利用者のアクセスの改善，⑤コミュニティの関係諸機関との連携の改善といった肯定的な成果を生み出す（副田，2004：38）と指摘し，山崎も「小地域単位でゾーニングし，一つの自治体を地域単位で区分し，そこに身近で住民が相談しやすい場」（山崎，2007：149）を作ることが重要であると指摘している。このように，総合相談の窓口は，早期発見や介入，住民も含めた各主体との合意形成や連携のしやすさ，

ワーカーと住民との距離や利便性といった点から、狭域的な単位での対応が望ましいと考えられる。

　政策的には、2006年からの第3期介護保険事業計画以降、「介護保険事業に係る保険給付の円滑な実施を確保するための基本的な指針」が一部改正され、「圏域の設定」が介護保険事業計画にも盛り込まれることになった。つまり、地域包括ケアは地域包括支援センターを中心にこのエリアで推進されていくことになる。そして、これまでみてきたような国の地域包括ケアの考え方からすれば、こうした圏域は、日常生活圏域とよばれ中学校区であるとされることになった。一方、中学校区という圏域は、介護保険サービスを整備する圏域としては適切かもしれないが、一般的感覚として住民が顔の見える関係の中で活動を展開する範囲としては広すぎる。いわゆる地区もしくは校区社会福祉協議会や公民館などは「子どもでも歩いて通える範囲」である小学校区を単位に設立されていることが多い。そのため、地域包括支援センターが住民との関係を作っていく際には、いくつかの住民活動の圏域を複数担当することになり、圏域の重層性を意識して活動することが必要になるだろう。

　いずれにしても、こうした一定の地域を基盤に専門職が配置され、総合相談の体制が整いつつあることは、在宅介護支援センターの実践の蓄積があるとはいえ、地域包括支援センター設置後の総合相談の「広がり」として評価すべきだろう（李, 2011）。しかしながら、中学校区が身近な総合相談の窓口として、そしてすでに述べたような総合相談に求められる機能を果たしていく上で、妥当な圏域といえるのかどうかは検証が必要である。

4　地域包括ケアのデザイン

　本章ではここまで地域包括ケアの定義を示し、そこで求められる地域の力と専門職の力の連携の必要性、そしてニーズ対応への入り口であり基本としての総合相談の広がりについて、これまでの研究を整理しながら示してきた。

しかし，こうした地域包括ケアシステムをそれぞれの市町村単位でどのように構築していくのか，どのように工夫していくのか，それを考えていくのは市町村の役割である。

（1）地域包括ケアにおける調整問題と市町村の役割

　介護保険制度は，サービスを提供する事業者を多様化させた。在宅サービスについていえば，企業であっても特定非営利活動法人であっても福祉サービスを提供できるようになり，制度創設以降，介護サービスの量とそれを使う人が飛躍的に増加したことは，正当に評価すべきであろう（池田，2011：58）。

　しかし，介護サービスを提供する事業所が増加したり，サービスの供給量が総体として増加しているとしても，それは必ずしも地域包括ケアが成立していることとイコールではない。別な角度からみると，サービスがいくら増えても地域ケアの質にはつながらない可能性があるというのが介護保険の運営上留意すべき点であろう。

　一見，サービスが増えれば私たちは安心して暮らせるように思われる。少ししかないよりはたくさんあった方がよいかもしれない。しかし，個々の利用者に焦点を当ててみると，介護サービスのそれぞれはジグソーパズルのピースのようなもので，生活を全体として支えていくためには一つ一つのサービスを調整し，全体として機能させていくことが必要になる。もちろん，これが介護支援専門員が必要とされた理由であり，ケア「マネジメント」といわれるゆえんである。しかしこうした「調整問題」は，個々の利用者だけにとどまるものではなく，地域全体としてみた場合でも同じことがいえる（永田，2008；高橋，2012：6）。地域の中にたくさんのサービスがあったとしても，それだけでその地域の地域ケアが充実しているとか，十分であるということはできない。さらに，問題を難しくしているのが，こうしたサービスを提供している主体が，社会福祉法人をはじめ，企業や特定非営利活動法人など多様だということである。個々の事業者が，自分たちの事業所の収支に関心が

あるのは当然であるが，地域ケア全体に関心を持つという保証はない。こうした「調整問題」は，介護保険開始前は在宅介護支援センターが担うことが想定されていたが，介護保険施行後5年を経て，地域包括支援センターが設立されることになり，地域包括ケアシステムを構築するための調整機能が期待されることになった。しかしながら，大口が指摘するように，地域包括支援センターは，自治体の「機関」ではなく介護保険法上事業を実施する「施設」と位置づけられており，自治体の保険者機能と行政機能を行使する役割を求められながらも，民間委託のセンターでは実際にはその役割を果たすことが難しいと指摘されている（大口，2011：186-187）。

また，太田は，地域包括ケアシステムを「描く力」は，「自治体単位」「地域包括支援センターの単位」「個別ケースの単位」でケア会議を持つことが重要だと指摘している（太田，2012：34）。こうした関係者の協議の場（特に自治体単位）としては，地域包括支援センター運営協議会がその役割を果たすことが期待されている。運営協議会の事務局は市町村であり，市町村のマネジメント能力がここでも問われることになる（細野・小池，2012：21）が，それが形骸化していることも指摘されている（田中，2012：76）。

さらに，社会福祉法で定められた地域住民も含めた多様な人々によって地域福祉を推進していくという考え方を踏まえれば（社会福祉法第4条），それを具体化する計画である地域福祉計画（社会福祉法第107条）の中で，地域福祉を推進する主体である多様な人々がその地域における包括ケアを視野に入れた地域福祉のあり方を協議し，デザインしていくことが必要だろう（原田，2012：242）。特に，介護保険法上期待される地域包括ケアは，高齢者分野に限定されており，対象の総合性を備えた地域包括ケアを考えていく上では地域福祉計画との連動が不可欠である（藤井，2010）。

以上の地域包括支援センターの運営，地域包括支援センター運営協議会の運営，地域福祉計画の策定，いずれもその「かじ取り」[4]役は，基礎自治体である市町村である。地域包括ケアシステムを構築していく上で，市町村の役

割は非常に大きいのである。市町村が,こうした調整やデザインの役割を放棄し,地域包括支援センターを法人に「丸投げ」し,地域包括支援センター運営協議会を「形式的に運営」し,地域福祉計画を策定しなかったりすれば,[5]地域包括ケアシステムの構築はたちまち難しくなってしまう。

　以上の議論を要約すれば,一定の地域で「地域包括ケア」のしくみづくりをしていくために,基礎自治体である市町村は,介護保険制度によって登場した多様な事業者や様々な関係者を地域包括ケアという目標のもとに統合していくことが必要になる。市町村は地域包括支援センターや運営協議会の運営,介護保険事業計画や地域福祉計画の策定などを通じてこの問題に取り組んでいくことが求められており,この点にこそ,介護保険における基礎自治体の大きな役割があるといえるだろう。「地域包括支援センターを基礎自治体が責任を持って運営する」(地域包括ケア研究会,2010)ことの意味はここにある。言いかえれば,地域包括ケアの「ガバナンス」が地方自治体に問われているといえる[6]。しかしながら,すでに指摘したように,こうした役割をそれぞれの市町村が実際に果しているかといえば,疑問な点も多く,地域包括ケアにおける市町村の役割を明確にしていくことが,大きな課題であるといえる。

(2) 地域包括ケアの機能

　前項では,地域包括ケアにおける市町村の役割について述べた。地域包括

---

(4)「かじ取り」という表現は,行政の役割の変化を表す際にしばしば使われる言葉である。行政の役割が,直接サービスを提供する役割(漕ぎ手)から,全体を調整する役割(かじ取り)へと変化している,という文脈で使われる。

(5) 地域福祉計画の策定は,自治事務であり任意である。2012年3月末で策定済みの市町村は,全体の53.4%に過ぎない。

(6) ガバナンスとは,統治の意味である。つまり,「ルールを決めること」ともいえる。従来は,政府(ガバメント)があらゆることを決定できると考えられてきたが,近年では,住民や様々な関係者が協議し,様々なルールを決めていくという形に変化しているという文脈で使われる。

ケアは，市町村の「デザイン力」に大きく左右される面がある。もちろん，地域包括ケアの「かたち」は地域の実情に応じて組み立てられていくものであり，正解があるわけではないが，いくつか共通して考慮するべき要素があることも事実である。ここでは地域包括ケアをデザインする際に考慮すべき機能について考えてみたい。

　地域包括ケアシステムをデザインしていくということは，その必要な「機能」を明示して，それが発揮できるようなしくみとしていくことである。井上はいわゆる「好事例」を分析する中で，こうした「機能」を総合相談，見守り，発見，繋ぎ，支援，権利擁護，開発・提言，評価，苦情処理の9つに整理している（井上，2011：16-17）。

　簡潔にいえば，総合相談，見守り，発見は「ニーズをどのように発見するか」「そのためにどのようなしくみやネットワークを構築するか」という点に関連した機能であり，繋ぎはそれを「どのように支援に結び付けるか」という点に関連している。支援は文字通り「どのように支援するか」という機能であり，権利擁護，開発・提言，評価，苦情処理は，行われた支援に対する評価のしくみ，支援に対して利用者の権利を守ったり，苦情を処理したりするしくみ，そして支援の中から必要な資源の開発や提言を行っていくしくみというように整理できるだろう。つまり，地域包括ケアの機能とは，簡潔にいえば，ニーズを発見し，解決につなげるフローの中で必要とされる「働き」と実際の支援の中，もしくは支援後に必要とされる諸々の「働き」といえる。

　こうした「働き」を，すでに述べた市町村内の複数の圏域を意識しながら，どのように機能させていくのかを設計していくことが，地域包括ケアのデザインの意味である。もちろん，地域特性に応じた地域包括ケアの形があるべきであり，設計に正解はないが，考慮しなければならい要素は同じである。

5　先行研究の要約

　本章では，地域包括ケアについて，地域包括ケアの定義から，特に本書で焦点を当てる住民（活動）との連携のあり方と総合相談窓口の機能と役割，そして市町村の役割について先行研究をレビューした。

　まず，地域包括ケアシステムの定義について，その変遷を確認し，フォーマルな社会資源の連携と同時に，インフォーマルな社会資源がその構成要素として強調されている点，それが展開される場として，日常生活圏域が強調されるようになった点，そして市町村と地域包括支援センターがその推進主体として位置づけられていることを確認し，本書における地域包括ケアの定義を示した。

　次に，地域包括ケアシステムにおいて期待される地域の力とその留意点，そして地域の力が機能するための専門職の力についてまとめた。特に，地域の力に過度に期待しすぎることの問題点や，資源とみることの問題点を指摘し，地域の力は，専門職の力との合力としてみる必要があること，資源としてではなく協働で作り出していくというまちづくりや自治の視点が不可欠であることを指摘した。

　そして，総合相談については地域包括支援センターに求められている総合相談の内容とその対象とする圏域について整理し，その重要性にもかかわらず総合相談，特にその基礎となるネットワーク構築が十分に行えていないことを示した。

　最後に，介護保険後に顕在化した「調整問題」を解決し，地域包括ケアを推進していく上での市町村の役割を確認し，こうした役割が十分に発揮できていないことを確認した。

　このように地域の力と専門職の役割，総合相談，特に地域との協働，そして市町村の役割については，検討すべき課題が多い。本書では，こうした点

を踏まえ，第2章以降で名張市での実践研究の取り組みの成果をもとに，①地域の力を引き出し，協働できる地域包括ケアのデザイン，②地域の力を引き出し，協働していく総合相談に必要とされる役割と機能という本書の目的を中心に，こうした問題を明らかにしていくことを試みたい。

| 第2章 | 自治とケアをつなぐ政策 |

本章の内容

　本章では，地域包括ケアシステムをめぐる基本的な視点や先行研究の検討を踏まえて，名張市における地域包括ケアシステムの概要とその特徴を明らかにする。
　名張市の取り組みの特徴は，大胆な地域内分権の推進とまちの保健室という初期総合相談窓口を小学校区ごとに設置している点にある。そして，こうした特徴が地域包括ケアの視点からどのように連動しているのか，名張市の地域包括ケアシステムの「デザイン」を明らかにするのが本章の目的である。
　まず，住民活動と地域包括ケアをリンクさせる重要な要素であり，名張市の中核的施策の一つである地域内分権の制度について説明する。地域の様々な団体に行政が縦割りで補助していた補助金を一括し，使途が制限されない自由な交付金として地域に交付するという地域内分権の取り組みは，名張市が全国的にも先進自治体として注目されている施策の一つである（直田・辻上，2011）。
　次に，名張市の地域福祉計画とそこから生み出された公民館（小学校区）単位に設置されている初期総合相談窓口であるまちの保健室の概要を説明する。
　そして，住民自治と地域包括ケアがどのように「連動」しているのかを検討し，住民自治と連動した名張市独自の地域包括ケアシステムのデザインを明らかにしたい。

1　名張市の地域内分権

（1）名張市の概要

　名張市は，四方を山に囲まれた三重県の南西部，奈良県との県境に位置する人口8万2,088人（世帯数3万2,660世帯），面積129.76km²の自治体である（2013年2月1日現在）。

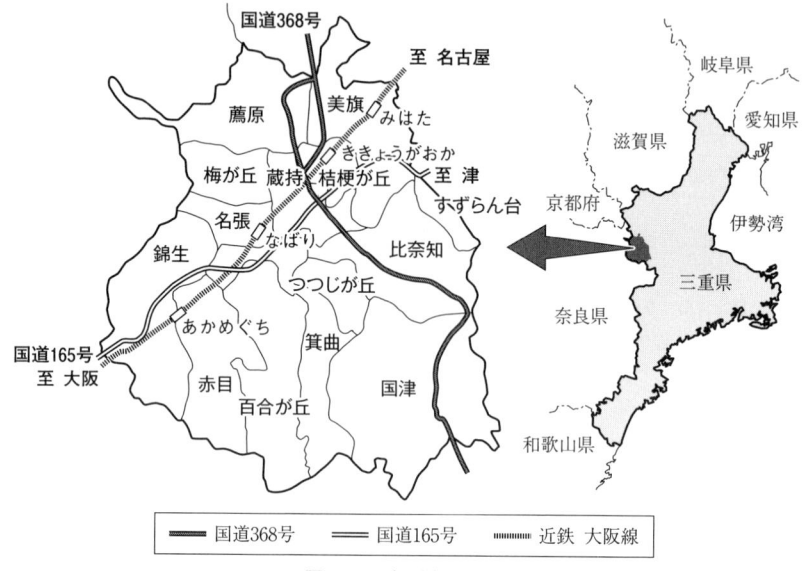

図2-1　名張市の位置

出所：名張市資料。

　市制が施行された1954年に3万1,012人だった人口は，近鉄大阪線の開通とともに大阪方面への通勤圏として昭和40年代後半から大規模な宅地開発が行われたことで急増し，人口増加率が日本一だったこともある。

　しかし，ピーク時の2000年（8万5,427人）を境に人口は減少に転じ，今後は，宅地開発に伴って移住してきた人々の高齢化が一気に進む「直下型高齢化」に直面することが予想されている。現在の高齢化率は23.6％（2013年2月1日現在）とほぼ全国平均と同様であるが，2015年には28.3％，2020年には32.8％となることが予想されている。

　平成の大合併の際には，名張市も周辺の旧上野市など伊賀地区7市町村による合併協議会に参加し，対等合併により新市の名称を伊賀市とすることなどが合意されていた。しかし，2004年2月に行われた住民投票では，合併反対が約7割と圧倒的多数を占めたことで，合併協議会から離脱し，単独で地

域経営をしていく道を選択した。一方，名張市の財政状況はゆとりがあるとはいえず，合併による特例措置も見込めなくなったため，財政を立て直すための様々な行財政改革が進められてきた。

このように，名張市は，宅地開発によって流入した住民と古くから名張に住む住民から構成される合併を選択しなかった地方の中規模都市であり，今後一気に進む高齢化への対応や，財政問題といった，日本全国の市町村が現在直面している，もしくは今後直面することになる課題と同じ課題を抱える自治体の一つであり，特別に恵まれた条件にある自治体というわけではない。

（2）地域内分権とは何か

地域包括ケアシステムについて考えるために，「地域内分権」という少なくとも医療や福祉の関係者には耳慣れない用語を持ち出すには理由がある。地域包括ケアシステムにおいては，住民とのネットワーク構築が極めて重要であり，「住民組織のありよう」は，当然のことながら地域と連携していく方策と大いに関係してくる。したがって，「住民と創る」地域包括ケアのデザインには，住民組織のありようも含めて考えていくことが欠かせない。その中でも地域内分権は，名張市の地域包括ケア，特に地域の力と地域包括ケアの関係を考えるうえでは欠かせない施策であり，名張市の大きな特徴であるので，この施策について簡単に説明しておきたい。

まず，どうして地域内分権が必要とされるのか，その背景を考えてみたい。現在，議論されている分権化は1970年代の景気後退を受けて開始された政府機能と公共支出の見直しに由来しており，「政府間関係の再構築は，公私関係の再編成をその前提」としていると指摘されている（新藤・武智，1992：4）。簡単にいえば，分権化や民営化は，独立した現象ではなく，1970年代以降，財政危機に陥った中央政府が，自らの権限を「外へ」（民営化），「地方へ」（分権化）と委譲しはじめたということを意味している。もちろん，こうした一連の変化は，地方自治体の役割に大きな影響を及ぼすことになった。

分権化によって地方自治体は，中央政府の出先機関として機関委任事務[1]に代表されるような国の事務を処理していればよいという存在ではなくなり，権限の分権化に見合った政策形成能力を身に付けることが求められるようになっている（真山，2001：35）。同時に，分権化の背景に財政問題がある以上，財源の移譲にはおのずから一定の限界がある。また，民営化によって公共サービスの供給主体が多元化する中で，直接サービスを供給することだけでなく，いかにその「かじ取り」を行うかも地方自治体の重要な役割であるとされるようになっている。

　このように，地方自治体は地域の実情に合った独自の政策の決定と実施を限られた財源の中で実施していかねばならず，政策過程において市民と協働する必然性が生まれている。このことをもっともわかりやすく説明しているのは次の玉野の一連の指摘だと思われる。

　「国が交付金を削減してくることは避けられないと判断し始めた地方公共団体が，ようやく獲得しえた権限を生かして，唯一残った援軍であるところの市民・住民の側に目を向け始め」（玉野，2006：149）ており，逆説的ではあるが，財源の確立ではなく不足こそが，「地方自治体をして本来，連帯すべき相手を改めて自覚させた」（玉野，2007：45）

　つまり，分権化によって，権限が移譲され，政策主体としての地方自治体が確立する基盤が成立したと同時に，こうした政策（自治体政策）は，地方交付税交付金といった国からの財政的な支援をこれまでと同様には期待できな

---

[1] 機関委任事務とは，地方自治体の長その他の機関に対して国から法律や政令に基づいて委任された事務のことである。地方自治体は，国の「機関」としてその指揮監督に基づいて事務を行うという上下・主従の関係におかれ，地域の実情に即した裁量的判断ができないことなどが批判され，地方分権一括法による地方自治法等の改正によって廃止された（新自治用語辞典編纂委員会編，2000）。

い状況にある。端的にいえば，権限は委譲されたが，財源が不足しており，市民とともにこれからの自治体政策をどう進めていくか，地方自治体の側から市民と協働する必然性が生まれているのである。

こうしたことに気づきはじめた自治体では，自治体政策の政策過程に市民を関与させ，「これまではけっして手放そうとはしなかった権限すらも，初めて市民の手に直接ゆだねよう」（玉野，2006：151）としている。自治体が市民に対して，政策過程における決定や実施の権限を「ゆだねる」ということは，市民の側からみれば，「参加」や「自治」が要請されているということである。

もちろん，こうした事態は，「公的責任の放棄」であり，市民への「責任転嫁」であると非難することも可能であるし，またそうした側面があることも否定できない。しかし，理由はどうであれ，限られた財源の中で地域の公共的な事柄をともに考え，決定し，責任を共有していくという条件が生まれつつあることも事実である。それは，決して最良の条件ではないとしても，市民の参加を求め，住民自治を進めていく推進力になっているのである（永田，2011b）。要約すると，分権化によって，地方自治体の中央からの自立（団体自治）が一定程度確立すると同時に，自治体内での自己統治，すなわち住民自治が[2]，財政制約といういわば外部条件に強く影響されながら，求められるようになってきているのである。

こうしたことを実現していくための政策の一つが地域内分権である。地域内分権は，平成の大合併によって「編入前の旧町村単位のアイデンティティと自治の気概を残す方策」（西尾，2007：133）として法制化された「合併特例区」や「地域自治区」に加え，市町村が小地域での意思決定や事業の実施を担う「包括的住民自治組織」に対して権限や財源を移譲する取り組みとして推進されるようになっている（岩崎，2003：14）。こうした組織は，様々な名称で

---

(2) 地方自治は，地方自治体が国から独立しているという意味での「団体自治」と，その事務の処理が住民の意思に基づくという意味での「住民自治」の二つの要素から構成されるとされる（新自治用語辞典編纂委員会編，2000）。

呼ばれ，また委譲される権限や財源の形態も様々であるが，すでに述べたように，財政制約，分権化と民営化といった外部条件に影響されながら，住民自治を求める流れの中で，その推進が図られている点は共通している。

（3）住民の側からみた地域内分権の必要性

　前項では，財政危機に端を発した地方分権化の流れの中で，地方自治体が住民と協働する必然性について述べた。しかし，地域内分権は行政の側が「困っている」という理由だけで必要とされているわけではない。地域住民の立場からみても，地域内分権には合理性がある。そのことをこれまでの行政と地域団体の関係から考えてみたい。

　これまでの行政と地域団体との協働は，行政各課と各地域団体とがそれぞれ個別に行う形態が一般的であった。つまり，行政各課がそれぞれ自らの課が関係する地域団体に対し，使途を限定した補助金を支出して，地域団体とともに地域課題の解決に取り組んできた。こうした図式の問題は，一言でいえば，行政の「縦割り」がそのまま地域に反映してしまうことにあるといえる。地域には実にたくさんのこうした団体が存在している。地域防災組織，地区（校区・学区）社会福祉協議会，自治会・町内会とその関連組織，PTAや社会教育関係団体などである。これまで多くの場合，同じような活動や重なり合う活動があってもお互いに協議する場を持たず，バラバラに活動していることが多かった（中川，2011：37）。補助金も縦割りで支出されるため，本当に必要な地域課題に柔軟に対応できない（例えば団体間での補助金の融通ももちろんできない）。こうした関係は，これまでの国と地方との関係をそのまま市役所・役場と住民（小地域）に置き換えたような関係であるともいえる。

　にもかかわらず，実際にこうした様々な活動を担っている住民層は，重複している場合が多い。「役員を1つ引き受けると，付随して別の複数の役職に就かなければならない」とは地域団体の関係者からしばしば聞かれる言葉であるが，ただでさえ担い手が減少している地域人材の疲弊にもつながって

いる（中川，前掲書：50）。高齢化や人口減少，そして共働き世帯の増加などに伴って地域活動を担うことのできる人材は確実に減少し，様々な会議で「後継者がいない」「若い人が参加してくれない」「私たちまでは頑張るが，この先はもたない」といった声を聞くことが多い。

　こうした問題は様々な形で市町村の計画策定や各種委員会などに携わっている人間であれば一度は聞いたことがあるはずである。例えば，色々な計画に携わると，しばしば同じ人と何度も出会うことになる。そして，委員会の中では，住民から「同じような取り組みは○○でも行っているがそれとどう違うのか」といった質問が出る。行政の担当者は部局が違うとわからないし，知らないため「それはそれ，これはこれでお願いします」といったような回答をする。住民は同じような活動であっても，「それはそれ，これはこれ」で取り組まざるを得ず，加えて，それぞれの事業に予算や決算，報告書などを作成しなければならない。

　つまり，「地域の力」が一つになっていないことが大きな問題なのである。このことは活動の重複，人材の疲弊，そして予算の浪費を招いている。地域団体や住民が一つになって，一丸となって地域課題に取り組んでいくことができる方が効率的かつ効果的なはずである。地域内分権を行うためには，「分権の受け皿」となる地域を代表した包括的な住民組織の設立が必要になるため，少なくとも理論上は，こうした住民側が抱える課題を解決することにもつながるのである（次頁のコラム参照）。

（4）地域内分権の具体的な内容

　地域内分権は，行政側の住民と協働していく必然性と，住民側の地域力が分散し，疲弊している現状を解消していくために，平たくいえば，国から市町村への分権と同様に，市町村から地域に分権を行うことである。

　地域内分権を設計していくためには，いくつか考えなければならない点があるが，本書では，そのうち特に重要だと思われる以下の2点だけ指摘して

> ### 「長」を減らすのは大変？
>
> 「理論上は」と述べたのには理由がある。
> 　これは，ある市で地域内分権を協議するための委員会での話である。ある住民団体の代表の委員さんが，雑談の中で「行政や先生のいうことはもっともだし，合理的に考えればそれでいいんだろうけど，地域は複雑なんだよ。このしくみを作ると『長』が減るだろ。『長』が減ると面白くない人もいるし，喧嘩のタネにもなるんだよ」と話してくれた。ご自身は積極的に地域内分権の考えを理解している人だったが，地域にこの話を持っていくと苦労が多いと話してくれた。別の人は，団体に話を持って帰っても「今までどおりでいいじゃない，ほかの人と一緒になったらいろいろ言われるので面倒だ」といわれるとぼやいていた。それまで各団体に出ていた補助金を一つにするのが地域内分権の趣旨だから，住民同士が話し合って，地域では何が必要か考えなければいけなくなる。自分たちの活動の必要性を他の地域団体のメンバーや広く地域に理解してもらい，担い手を増やしていくチャンスにもなるはずだが，確かに変えることは面倒も多い。
> 　このように，地域内分権は今までの地域団体のあり方を変えていくことを意味しているので，なかなか思うように進まない。前の二つの発言にあるように，大きな壁になるのは「地域は複雑」といわれるような感情的なものと，「今までどおりでいいじゃないか」というメンタリティである。後者の場合は，活動への自負があってもっともな場合もある。しっかり活動をしてこられた方は，なぜ変えなければいけないかわからないのも当然であろう。しかし，5年先，10年先の地域を考えたときに，やはり活動や人材，財源の重複は解消していかなければならないだろう。地域団体が横につながれる「ラウンドテーブル」のような場を作り，お互いに課題を共有し，協力して取り組んでいくことが必要になっているのである。

おこう。
　まず，分権の受け皿となる組織をどのように設計するかという点である。次に，こうした団体への財政的な支援制度をどのように行うかということである。この2点について，基本的な考え方は次に述べる。また，こうした地域内分権のしくみを条例でどのように位置づけるかという問題，そして，こうした活動を促進するために行政がどのような支援を行い（例えば，行政職員のかかわりや拠点の確保，住民組織同士の交流の場の設定など），どのような条件を

設定するか(例えば,地域計画の策定を義務づけるなど)といった点が挙げられる。

ここでは,特に「受け皿となる組織」と「財政的な支援」について,地域内分権の基本的な考え方を示しておきたい。図2-2は,それをイメージしたものである。

まず,これまで,行政各課とそれぞれの団体という単位で行われていた行政と地域団体との協働を,地域団体をまとめた「分権の受け皿」となる住民を代表する組織(図2-2では,包括的住民自治組織としてある)と行っていくというのが基本的な考え方である[3]。そのため,これまでバラバラに支出されていた補助金を一括交付金という形で地域にまとめて渡し,住民組織の側はそれぞれの地域課題に応じて,交付金を柔軟に,地域の実情に合わせて活用していくことができるようになる。

このような地域団体の縦割りの解消と交付金化によって,次のようなメリットが考えられる。

① 地域の実情・優先順位を反映して使途を決めることが可能になる。
② 地域組織の縦割りによる資金や活動の分散,重複を避けることができ,類似事業の整理などを進めることができる。
③ 事業報告なども一括してできるため効率的である。

以上の地域内分権が推進される背景とその基本的な考え方を踏まえて,名張市ではどのように地域内分権を推進したのか,なぜそれが全国でモデルとなるような制度とみなされているのかみていくことにしたい。

---

[3] ここで取り上げている地域内分権は,地方自治体が条例を定めて行う独自の施策であるため,法律で定められた名称があるわけではない。地域によって「住民自治協議会」「まちづくり協議会」など様々な名称で設立されている。本書で取り上げる名張市の場合は,一般に「地域づくり組織」と呼ばれるが,名称は各地域で自由に定めてよいことになっている。本書では,一般的に述べる場合は,「包括的住民自治組織」,名張市での取り組みを指す場合は,「地域づくり組織」という。

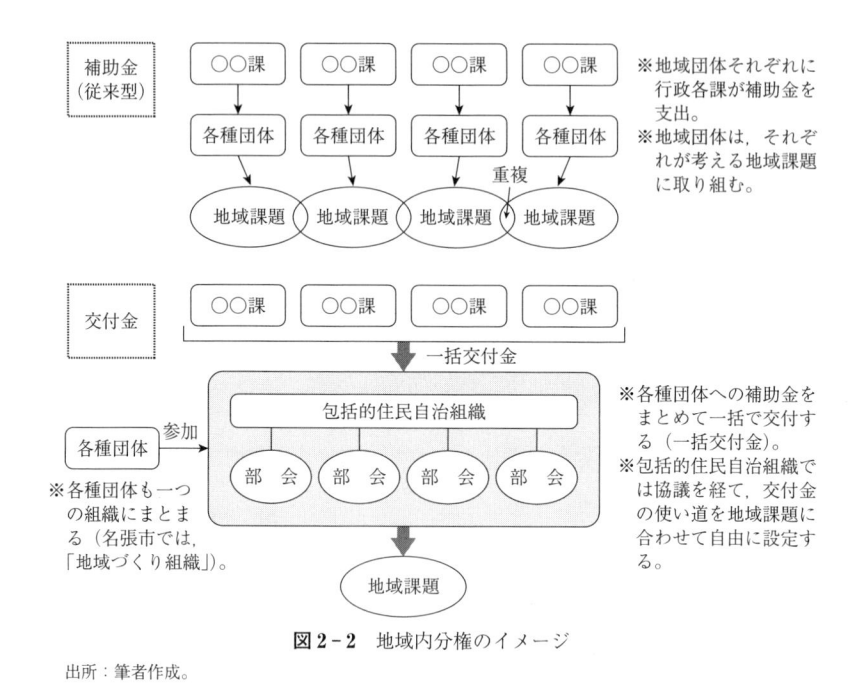

```
補助金        ┌──┐ ┌──┐ ┌──┐ ┌──┐     ※地域団体それぞれに
(従来型)      │○○課│ │○○課│ │○○課│ │○○課│      行政各課が補助金を
              └─┬┘ └─┬┘ └─┬┘ └─┬┘      支出。
                ↓     ↓     ↓     ↓      ※地域団体は，それぞ
              ┌──┐ ┌──┐ ┌──┐ ┌──┐      れが考える地域課題
              │各種団体│ │各種団体│ │各種団体│ │各種団体│      に取り組む。
              └─┬┘ └─┬┘ └─┬┘ └─┬┘
                         重複
              (地域課題)(地域課題)(地域課題)(地域課題)
```

図2-2　地域内分権のイメージ

出所：筆者作成。

（5）ゆめづくり地域予算制度の内容

名張市では地域内分権を実現するために「ゆめづくり地域予算制度」と呼ばれる制度が導入されている。

2003年3月に「住民自ら考え，自ら行う」ことを目指し「名張市ゆめづくり地域交付金の交付に関する条例」が制定され，同年には14の地域（公民館単位，2010年からは15カ所）で地域内分権の受け皿となる「地域づくり組織」（地域づくり組織は，名張市の地域内分権の受け皿となる包括的住民自治組織の総称であるが，各地区によって名称は自由に定めることができるため，各地域で名称が異なる場合がある）が設立された。組織の構成は様々であるが，すべての地区で「区の役職者」が役員として選出されており，「PTAや婦人会・敬老会等の地域

第2章　自治とケアをつなぐ政策

表2-1　地域交付金の積算根拠

交付金 (一括交付)	基本額	人口割	3,500万円×70%×地域人口÷市人口
		均等割	3,500万円×30÷15
	加算額 (コミュニティ活動費)	地区代表者 協力事務費	7万2,000円×基礎的コミュニティ数(172)
		地区活動費	2万5,000円×基礎的コミュニティ数(172) 200円×基礎的コミュニティの人口
	事務局経費		1地域30万円 但し，国津地域：50万円 薦原地域，錦生地域，箕曲地域：各40万円
	地域事務費		公民館の指定管理料の人件費のうち，公民館長分を除く人件費の半額を計上(2012年度から)

出所：「名張市ゆめづくり地域予算制度　平成24年度版」より筆者作成．

組織の役職者」「自治会の役職者」など地縁組織の役職者が多い。また，「地域住民からの一般公募」を採用した地区や少ないながらも「NPO法人等の市民活動組織の役職者」や「地域を単位に活動するボランティアグループの役職者」がメンバーとなっている場合もある（松浦・藪崎・浦山，2008：512)。

「ゆめづくり地域予算」は，地域づくり組織が行う地域づくりのための事業に対して一定の金額を交付するものであり，従来の補助金制度とは異なって事業を限定せず，地域住民の福祉増進や地域づくり推進に寄与する活動であれば自由に使うことができる交付金である。交付金の基本額は地域均等割（3割）と人口割（7割）で算定し，公民館の管理運営や公園管理など行政からの委託事業を受けた場合は別途加算される（表2-1)。

こうした交付金を使って地域でどのような事業を行っていくかは，それぞれの地域づくり組織が協議して決定する。制度創設の狙いについて，市長は「私は市民に対して，『観客席から下りてきて一緒に働いてほしい』と訴えてきた。目指すのは，自分たちの地域に必要な事業を住民自らが考え，優先順位も自分たちで決める地域政府だ」（亀井，2004a）と述べているが，そのための基盤となるのが，この交付金化にあるといえるだろう。

(6) 地域団体と補助金の統合

　次に，地域づくり組織の設立に伴って，それまでの様々な地域団体をどのように包括していったのかについてみておこう。地域内分権は，この点が極めて重要である。中途半端に進めると既存の地域団体に屋上屋を重ねることになってしまい，本来の効果が期待できないからである。

　まず，名張市では1956年に設置された地域組織として，市内に160の「区」が設置されている。区には「市行政事務の円滑なる連絡を図り，各区における自治の振興を促進する」ため，区長が置かれ，区長設置規則に基づいて市長が委嘱していた。また，区長に対しては地区行政事務委託料として業務委託料が支払われており，その総額は2006年度で4,000万円以上となっていた。2009年には，この50年以上続いた区長制度を見直し，市長による区長委嘱を廃止して，代表者の届け出制とした（区長設置規則の廃止）。これにより，区長に対する行政事務委託費が廃止されたため，その額がゆめづくり地域交付金に加えられることになった（表2-1におけるコミュニティ活動費がそれにあたる）。

　また，区制度創設以後に造成された住宅団地などでは，自治会が創設されている地域もあった。このため，基礎的コミュニティの単位で区と自治会が併存しており，さらに地域づくり組織との関係があいまいであるという問題があった。そこで，同じく2009年に「名張市地域づくり組織条例」が制定され，区や自治会は，原則としてこれまで通り存続するものの，行政の末端組織としての位置づけをやめ，住民の自由な自治活動の主体としての「基礎的なコミュニティ」として位置づけられることになった。

　そして，地区公民館を単位とする地域づくり組織を唯一の包括的な地域の公共的団体として整理し，基礎的コミュニティの代表が地域づくり組織に参加することで，自治システムを小学校区＝地域づくり組織，近隣＝基礎的コミュニティの2層構造とすることが明確化された。

　最後に，これまでの補助金をどのように統合したかについてもみておこう。すでに述べた区長制度の廃止に伴う業務委託料に加え，ゆめづくり地域予算

制度の導入に当たって廃止され，統合された地域向け補助金は，「地区婦人会活動補助金」「青少年育成団活動補助金」「老人保健福祉週間事業」「資源ごみ集団回収事業補助金」などで，2002年当時で約3,796万円であった。一方，ゆめづくり地域交付金は，制度創設の2003年が4,998万8,000円であり，その額は廃止した補助金を上回っている。このことは，この制度が必ずしも単純な目先の財政削減を目的とした制度として導入されたわけではないことを意味しているといえる。

2　名張市の地域福祉計画と地域包括ケアシステム

　前節では，名張市の地域内分権のしくみについて簡単に述べた。ここでは，いよいよ地域づくり組織と地域福祉・地域包括ケアとの関係をみていこう。特に，地域福祉計画で両者の関係をどのようにデザインしてきたかに注目してみたい。

（1）地域福祉計画の策定

　名張地域福祉計画は，2003年に国の地域福祉計画策定モデル地区の指定を受け，翌2004年に地域づくり組織単位での各3回の住民懇談会の実施を経て，2005年に名張市の保健福祉施策の基本となる指針を総合的に定める福祉の総合計画として策定された[4]。基本目標として「ともに生き　ともに創る心ふれあう幸せのまち」を掲げ，「与えられる福祉」から「ともに創る福祉」への転換を目指す点は，「住民が自ら考え，自ら行う」という地域内分権の理念と共通する点である。こうした転換を具体的に進める地域福祉推進の戦略として，「人の力」と「地域の力」を高め，名張方式の地域福祉を推進することをうたい，基礎的なコミュニティ（自治会や区の単位）で人が出会い，交流す

---

(4)　計画期間は，2005〜2009年度。

るための拠点整備と地域づくり組織の単位でこうした拠点と地域がつながっていくためのネットワークづくりを推進することを明示した。

基礎的コミュニティ（第1層）単位での「拠点づくり」としては，身近な地域における細やかで柔軟な活動が展開される「ゆめづくり広場」の整備が推進された。具体的には，自治会やNPOなどが空き家，空き店舗，集会所などを改修して高齢者サロンといった集いのできる拠点を整備する際に，「地域介護・福祉空間整備等交付金」(5)を財源に100万円を上限に助成するもので，現在までに131カ所が整備されている。それぞれの広場の活動は様々であるが，こうした基礎的コミュニティでの活動にはそれを支えるボランティアが必要であり，こうした「支援する側」の厚み（＝人の力）を増していくことが狙いの一つとなっている。

また，地域づくり組織の単位(第2層)には地区保健福祉センターとして「まちの保健室」（保健・福祉の専門職を2名配置）の整備がうたわれた。第一次地域福祉計画において，まちの保健室は，初期総合相談を担うとともに，地域づくり組織，民生委員と協働して地域福祉を推進し，夢づくり広場事業（基礎的コミュニティでの様々な活動）の実施を支援することで，「人の力」を「地域の力」につなげていくネットワークづくりの要として位置づけられていた。

このように名張市では，地域福祉の圏域として，住民による自発的活動の単位となる自治会・区の単位（基礎的コミュニティ）と，まちの保健室と地域づくり組織が活動する住民自治の中核となる単位（地域づくり組織）を設定している（図2-3）。

なお，まちの保健室が設置されている地域づくり組織の圏域は公民館単位

---

(5) 地域介護・福祉空間整備等交付金は，「各地方公共団体が地域の実情に合わせて裁量や自主性を活かしながら介護サービス基盤を整備することを支援する交付金」として2005年度に創設されたもので，市町村交付金は地域密着型サービス，介護予防拠点など，市町村内の日常生活圏域で利用されるサービス拠点を整備するための国の交付金である。

まちの保健室とは

　まちの保健室は，市の地区保健福祉センターとして，おおむね小学校区を単位として市内15カ所に開設され，コミュニティにおける健康づくり，地域福祉の拠点として機能している。さらに，名張市では，人口8万人（高齢者人口2万人）に対して地域包括支援センターが1カ所設置（直営）されているが，15カ所のまちの保健室が，そのブランチとして位置づけられている。

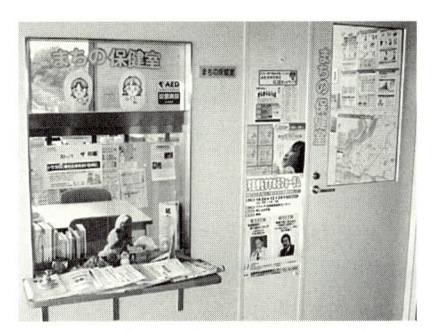

公民館内に設置されたまちの保健室

　具体な業務は以下のとおりである。

- 地域の身近な総合相談窓口として，介護や子育てなどの相談に応じる。訪問相談も行う。
- 健康教室や介護予防教室などを開催する。
- サロンなどの地域活動の支援を行う。
- 介護保険をはじめ高齢者福祉サービスの申請代行を行う。
- 介護保険の認定調査業務を行う。

　「子育てなどの相談」とあるように，相談内容は高齢者に限定しておらず，保健福祉の幅広い初期相談窓口として，地域包括支援センターのみならず，市の保健福祉担当へのつなぎ役として機能している。
　また，地域福祉計画において地域福祉活動のネットワークの要とも位置づけられており，民生児童委員活動に対する支援やまちづくり活動に対する支援を通じたネットワークづくりもその使命としている点が特徴である。
　職員は，市で直接雇用する業務補助員で，社会福祉士や看護師，介護福祉士などの有資格者が2名程度ずつ配置されている。まちの保健室のほとんどは，地域住民交流の場でもある公民館内に開設されており，月曜日から金曜日，午前9時から午後5時まで業務を行っている。

コラム1　**地区保健福祉センターまちの保健室雑感**

名張市役所子ども部理事兼健康福祉部理事
北森祥子

　地区保健福祉センターまちの保健室（まちの保健室）は，第1次地域福祉計画に基づき2005年度から取り組みが始まった事業です。2006年度からは，地域包括支援センターのブランチとして位置づけられ，2007年度末には14カ所，2011年度末には15カ所となり，職員も総勢31人となりました。私は，2005～2011年度までの7年間をまちの保健室を支援する立場で二つの機能の充実を目指しました。
　1つ目が，内的機能を充実する取り組みです。まちの保健室の職員は，介護福祉士が大半で，直接支援の経験はありますが，間接支援（相談支援）の経験がない人が多いことから，相談支援者としての資質向上のために次のような取り組みをしました。
　まず，まちの保健室職員として採用された時のオリエンテーションです。以下がその事項書です。

　　目標：住み慣れた地域で生活が続けられる。
　　　　　笑顔いっぱいの毎日～こころが動けばからだも動く。
　　　1．地方公務員としての自覚
　　　2．求められる資質
　　　　① 豊かな人間関係を構築できる能力
　　　　② 謙虚であること
　　　　③ セルフコントロールができること
　　　3．業務遂行上の注意事項
　　　　① プライバシー保護
　　　　② ほうれんそう
　　　　③ 組織を理解した上で其々の立場で仕事していることを自覚する

　これらの項目は，7年間同じでしたが，その時々で職員の反応をみながら，話す内容はアレンジしていました。職員にも話しながら，私自身への戒めでもありました。
　まちの保健室は2人ずつの職員が15カ所に分散し，いろいろな相談や地域づくり組織や民生委員児童委員などのネットワークづくりを行っていますので，ともすると被支援者等との距離がとりにくくなったり，他のまちの保健室の取り組みが気になって

きます。そこで1週間に1回，1時間を打合せと称して，それぞれのまちの保健室から職員が1人ずつ参加して，グループワークを行いました。当初は情報交換が中心でしたが，回数を経ると，業務や相談支援の振り返り，内省の発言もでてきました。グループワークを通じて，職員の自己効力感が高まるとともに，エンパワメントされたようでした。時には，相談支援研修の講演録の抄読を行い，ＣＤ鑑賞も行いました。職員全員の打合せは，月1回，情報提供を中心に，年度の節目には，健康福祉部長や関連部署の管理職にも出席をお願いしました。いずれの打合せの事項書にも，1行目には，前述の目標を掲げていました。

　これらのことから，目標を共有し，それぞれの目に見える活動は異なっても職員同士の横のつながりができていきました。結果として，15カ所のまちの保健室，職員のネットワークづくりを推進したといえるのかもしれません。

　最近読んだ雑誌に，自殺死亡率の低い自治体の記事が掲載されていました。自殺を単に個人の問題として扱わず，自殺を引き起こす社会的要因に目を向け，生活基盤としてのコミュニティの特性を調査分析した内容でした。自殺希少地域のコミュニティの特性は，①コミュニティはゆるやかな紐帯，②身内意識が強くない，③援助希求への抵抗が小さい，④他者への評価は人物本位，⑤意欲的な政治参画，ということです。③の援助希求と，④⑤を併せて自己効力感として分析した結果が，目から鱗が落ちるような調査報告であり，まちの保健室のネットワークづくりも，同様に分析できるように感じました。

　2つ目が，外的機能を高める取り組みです。地域や関係機関と連携し目標を達成するための起爆剤として2007年度から国のモデル事業を積極的に受けました。2007〜2009年度は，「認知症地域支援体制構築等推進事業」を受けました。まちの保健室がコーディネーターとなり，コアチームには，保健センター，地域包括支援センターが入り，スーパーバイザーを三重県立看護大学に依頼し事業を推進しました。2008年度は2カ所のまちの保健室が試行で地域での認知症ケアに取り組み，2009年度からはすべてのまちの保健室で取り組みを進めることとして，現在も継続しています。

　2010〜2011年度は，安心生活創造事業を受けて，まちの保健室の可視化に取り組み，スーパーバイザーを同志社大学に依頼しました。このことが，本書の出版のきっかけになりました。

　立場が変わっても，名張市民一人ひとりが，笑顔いっぱいの毎日で，住み慣れた地域で生活が続けられることを目指す同志の一員の私です。

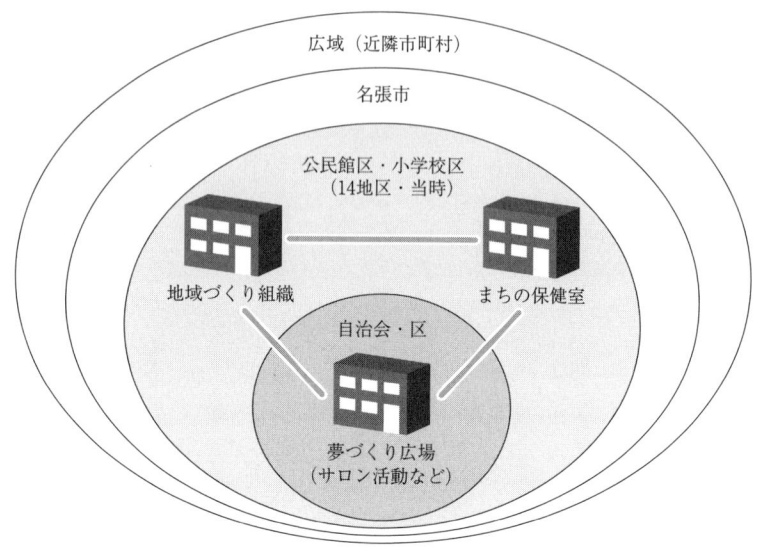

図2-3 名張市の地域福祉圏域

出所：筆者作成。

（おおむね小学校区）であり，介護保険などでいわれる日常生活圏域（中学校区）より身近な単位に設置されている。

（2）まちの保健室の位置づけ

地域福祉計画で位置づけられたまちの保健室は，2005年に2地域で開設され，2007年には5地域，2008年には7地域で開設され，14地域すべてで開設された（2010年からは15地区）。また，2006年に地域包括支援センターが設置されてからは，地域包括支援センターのブランチとして位置づけられ，センターと連携しながら初期総合相談の役割を担っている（なお，名張市では地域包括支援センターは直営1カ所のみ）。職員体制は，嘱託職員が2名であり，2012年4月現在で，総職員数は30名，そのうち看護師3名，社会福祉士3名，介護福祉士23名，社会福祉主事1名と医療福祉関係の資格を持つ職員が配置されて

いる。

　さらに，2009年には①もれのない見守り支援体制の整備と②地域の支えあいのしくみの構築を目標に，国のモデル事業である安心生活創造事業がスタートし，まちの保健室は民生委員などと連携した見守り，地域の担い手やボランティアなどの地域資源の掘り起こしや開発，既存の資源のコーディネートなどの役割も期待されている。

　2010年に策定された第二次名張市地域福祉計画（以下，第二次地域福祉計画）においても，まちの保健室は「身近な総合相談機関」として，健康相談，生活相談などに応じる場であると同時に，一人暮らし高齢者への訪問活動などにより保健福祉関係情報の提供・総合相談を実施し，さらに健康づくり教室，介護予防教室などにワーカーを派遣する健康づくりの拠点として位置づけられている（表2-2～4参照）。

　こうしたまちの保健室の相談実績件数の推移は，表2-2のとおりであり，公民館や身近な地域に設置されていることから，来所相談が多いことが特徴といえる。また，上記の業務のほかに，介護保険の認定調査を行っている。

　なお，上記のデータからは明らかでないが，民生委員からの相談，ゆめづくり広場設置事業によって整備されたサロンなどの住民活動を経由した相談が多いことも特徴である。まちの保健室と地域との連携については，第4章で検討する。

　以上のような名張市の自治及び地域包括ケア・地域福祉施策におけるまちの保健室の位置づけを整理したものが図2-4である。

　まちの保健室は，地域包括支援センターのブランチとして，地域づくり組

---

(6) 安心生活創造事業は，厚生労働省が選定する全国58の地域福祉推進市町村が，一人暮らし世帯等への「基盤支援」（見守り，買いもの支援）を行うことにより，一人暮らし世帯等が地域で安心・継続して暮らせる地域づくりを行うことを目的とした国のモデル事業である。

(7) 2011年度の認定調査実績件数は3,550件。なお，まちの保健室では介護保険の介護予防サービス計画（予防プラン）の作成は行っていない。

表2-2　まちの保健室相談実績件数

	2006年度 （2カ所）	2007年度 （7カ所）	2008年度 （14カ所）	2009年度 （14カ所）	2010年度 （14カ所）	2011年度 （15カ所）	【参考】2005年度（在宅介護支援センター7か所）
来所相談	361	2,981	5,126	6,042	7,462	8,179	411
電話相談	199	5,321	7,368	7,865	7,782	8,174	1,792
訪問相談	253	2,531	4,244	5,431	4,430	3,882	2,817
合　計	813	10,833	16,738	19,338	19,674	20,235	5,020

出所：名張市提供資料より筆者作成。

表2-3　健康づくり・介護予防教室（まちの保健室主催）

	2006年度 （2カ所）	2007年度 （7カ所）	2008年度 （14カ所）	2009年度 （14カ所）	2010年度 （14カ所）	2011年度 （15カ所）
実施回数	12回	31回	44回	70回	46回	33回
延参加人数	285人	590人	1,118人	1,503人	1,220人	714人

出所：表2-2と同じ。

表2-4　地域福祉活動への支援

	2006年度 （2カ所）	2007年度 （7カ所）	2008年度 （14カ所）	2009年度 （14カ所）	2010年度 （14カ所）	2011年度 （15カ所）
サロン活動への支援	165回	312回	585回	648回	654回	735回
地域との調整，会議	55回	112回	894回	911回	941回	1,055回

出所：表2-2と同じ。

織の圏域（公民館区）において，身近な総合相談窓口として住民や関係機関からの様々な相談にのる場であると同時に，地域づくり組織やその福祉関係部会，後述する地域づくり組織によって組織されている有償ボランティア組織，また，基礎的コミュニティのレベルでの自治会や区，ゆめづくり広場として活動に取り組んでいるサロンや民生委員，ボランティアなど，地域包括ケア，地域福祉における多様な「登場人物」のネットワークの「核」としての役割や，地域の活動を掘り起こしていく役割が期待されているといえる。こうしたまちの保健室が果たしている機能の検証は，第3章で行う。

第2章 自治とケアをつなぐ政策

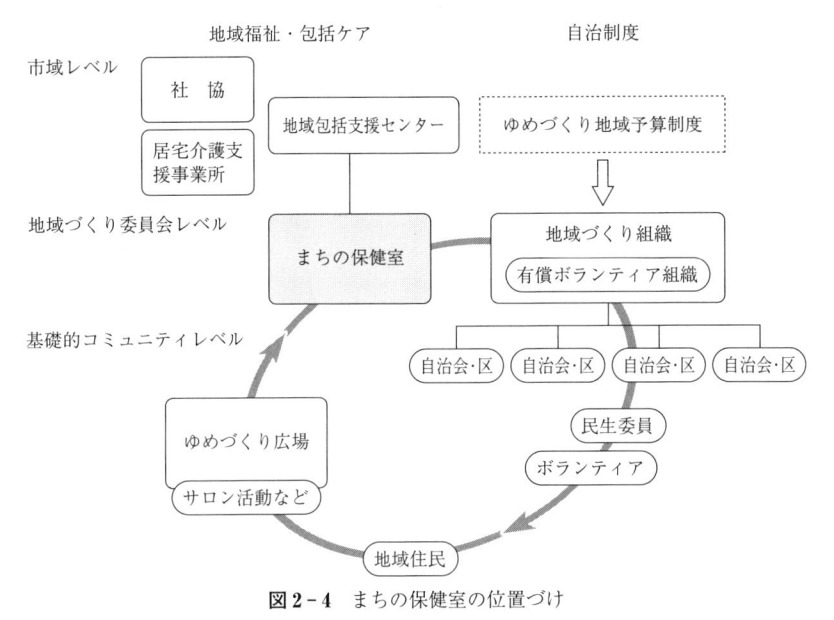

図2-4 まちの保健室の位置づけ
出所：筆者作成。

3 地域内分権と地域福祉・地域包括ケアの展開過程

　以上のように，名張市では，「住民が自ら考え，自ら行う」住民自治を強化していくために，地域内分権を推進し，地域づくり組織への権限及び財源の移譲が進められている。一方，地域包括ケアに関する施策も，地域福祉計画の策定を通じて地域の力を高め，専門職と協働して推進していく体制を構築しようとしている。

　名張市の施策の大きな特徴は，この地域内分権と地域福祉・地域包括ケアの施策が一体的に展開されている点である。こうした意図は第一次地域福祉計画から一貫しており，例えば，第一次地域福祉計画では，施策の推進方針において，「地域福祉は，一人ひとりの主体的な参加のもとに，人々の力を合

わせてさまざまな生活課題の解決を図ろうとするものであり，地域づくりそのものである」とし，「『人の力を生かし　地域の力を高める』という戦略を踏まえつつ，地域の資源や特性を生かした地域福祉活動を進めるための計画づくり，地域福祉への市民参加のしくみづくり，多様な人々の活動や交流の場づくりなどに取り組み，地域づくりと一体的に福祉のまちづくり」(傍点筆者)を推進していくとしている。

　また，地域づくりを支える人づくりにおいても「多様な人々が力を合わせて，福祉のまちづくりが進められるよう，地域づくり組織などを中心に組織化し，地域福祉に関する話し合いや学習，計画的な活動を進めるなど，地域の多様な人材を発掘し，生かすことができるように努めます」(傍点筆者)とされ，まちの保健室の設置については，「地域づくりと一体的に地域福祉を推進するため，公民館や学校など既存施設を活用して，地域の実情や住民の意向を反映しながら地区保健福祉センター『まちの保健室』を整備し，身近な地域で介護予防などの健康づくりや地域福祉活動を推進する」(傍点筆者)とされている。第二次地域福祉計画においても，「地域づくり組織の活動と一体的に地域福祉を推進する必要」が強調され，地域づくりと地域包括ケアを一体的に展開していくことが強調されている。

　表2-5は，以上のような地域内分権と地域福祉に関する施策の関係を整理したものである。

　2003年には地域づくり組織が全14地区で設立され，翌2004年にはその地域づくり組織の単位で地域福祉計画策定のための住民懇談会が開催される。各地域では地域づくり組織が主体となってこの住民懇談会に取り組むことで，住民自身も地域課題を把握し，地域づくり組織の活動の取り組みの方向性を探るものとなった。

　また，第一次地域福祉計画で設置がうたわれた「まちの保健室」が順次開設され，2005年の介護保険改正で地域包括支援センターが設置されるとそのブランチとして位置づけられ，整備が進められた。まちの保健室のほとんど

第2章　自治とケアをつなぐ政策

表2-5　名張市における地域内分権と地域福祉の関係

	地域内分権関係	地域福祉関係
2002(平成14)年	4月　　　　　　　現市長就任 7月　市役所内に「市政一新本部」を設置 9月　財政非常事態宣言 12月　地域予算制度を全区長に説明・依頼	
2003(平成15)年	1月　地域予算制度の地域説明会を実施 2月　　　　　　合併を問う住民投票。単独市制を選択。 4月　名張市ゆめづくり地域交付金の交付に関する条例を施行 9月　全14地域で地域づくり組織結成 10月　公民館の地域委託が2館でスタート 11月　名張市地域づくり協議会を設置	4月　国の地域福祉計画策定モデル自治体に指定される 8月　第1回策定委員会開催
2004(平成16)年	地域づくり組織が主体となった懇談会の実施　⇒	1月～地域づくり組織単位（公民館単位）で各3回の住民懇談会を実施し、生活課題を集約。 12月　パブリックコメント
2005(平成17)年	6月　名張市自治基本条例を制定 10月　全14公民館の地域委託完了	3月　第一次地域福祉計画の策定 まちの保健室2地域で開設
2006(平成18)年	1月　名張市自治基本条例施行 9月　14公民館の管理委託を指定管理者制度に移行	⇐　まちの保健室の多く(12地区)は公民館内に開設
2007(平成19)年		まちの保健室が5地域で開設
2008(平成20)年		まちの保健室が7地域で開設し、全14地区に設置
2009(平成21)年	4月　「名張市地域づくり組織条例」施行（地域交付金条例と区長設置規則の廃止）	4月　安心生活創造事業がスタート 6月　第1回地域福祉推進会議（第二次地域福祉計画策定委員会）
2010(平成22)年	5月　鴻之台希央台地域で15番目の地域づくり組織を設立	3月　第二次地域福祉計画の策定

出所：名張市提供資料より筆者作成。

（12カ所）は，地域づくり組織が指定管理を受けている公民館に開設されており，日常的に地域づくりの活動とまちの保健室の活動が連動するような「しかけ」が設けられている。

　以上のように，名張市の大きな特徴は，以下の３つの点にあるとまとめられる。

　① 　地域内分権を大胆に進めており，地域づくり組織に対し，予算及び権限を委譲する「住民自治」を強化する取り組みが進んでいること。
　② 　小学校区単位に地域づくり組織や地域の様々な組織，人とのネットワークの要であり地域包括ケアの初期総合相談を担うまちの保健室を設置し，有資格の専門職を配置していること。
　③ 　地域内分権と地域包括ケアの施策を連動させて機能させていくという「デザイン」。

　地域福祉計画にもそのことが明記されており，地域づくり組織を中核に据えて，地域内分権・地域包括ケアの施策が展開されている。このことは，例えば，地域福祉計画策定のための住民懇談会が地域づくり組織を主体に取り組まれた点や，まちの保健室が，地域づくり組織が指定管理者となっている公民館に配置されていることにも表れている通りである。

第2章　自治とケアをつなぐ政策

コラム2　「ともに創る福祉」を目指して

元・名張市健康福祉部長
山口伴尚

　これまで第一次地域福祉計画の策定やまちの保健室の整備に携わってきた経験をとおして，まちの保健室開設の経緯などを簡単に振り返ってみたい。
　名張市は，「人間尊重を原点に，自立と支えあいでつくる福祉の理想郷」をまちづくりの基本理念に掲げ，快適な生活環境や豊かな文化など地域資源を生かし，市民がいきいきと暮らす質の高い生活都市の創造を目指している。「福祉の理想郷」の"福祉"は，ここでは幸福を意味しており，単に福祉サービスの水準が高いということではなく，人々が自立を基本に，相互に尊重し，支え合うことで信頼と安心に満ちた心豊かな地域社会を創造しようとするものであり，地域福祉の推進が重点施策の一つとして位置づけられている。
　地域福祉推進の指針となる地域福祉計画は，厚生労働省のモデル地区の指定を受け，2005年3月に策定した。計画の策定に当たっては，市民参加のもとに延べ50数回にわたるワークショップや意見交換会を開催。そこでは「住民相互の交流や支え合いの活動を活発化させたい」との意見や提案が大変多く寄せられた。また，急激に進む超高齢社会を念頭におき，増大する多様な福祉ニーズへの対応，いつまでも暮らし続けられる地域社会のあり方，障がい者，高齢者，児童など分野別の施策を横断的につなぎ総合化するための取り組み，さらには，意識調査結果で満足度が低かった相談体制の充実などを主な課題として検討を重ねた。この結果，超高齢社会を迎え増大する福祉ニーズに対応し，活力ある地域社会を創造するためには，支援が必要な人を"支える人"や地域社会の"担い手"をいかに増やしていくかが重要であり，「与えられる福祉」から「ともに創る福祉」へと視点を大きく転換していく必要があるとの結論に達した。こうした認識のもとに計画の基本目標を「ともに生き　ともに創る　心ふれあう幸せのまち」と定め，共生と共創を基調に住民相互の信頼の絆を強化することにより，質の高い暮らしと地域社会の創造を目指すことにした。
　まちづくりや様々なボランティア活動が，その人の満足度の向上につながることはよく知られている。同時に，そうした人々が増加し，相互に連携することにより，コミュニティ機能が向上するということも明らかになっている。こうしたソーシャルキャピタル（社会関係資本）の醸成を重視しつつ，「"人の力"を生かし"地域の力"を高める」との戦略のもとに，人々の地域づくりや地域福祉活動への参画を促進するための

しくみや場，ネットワークなどの地域福祉の基盤づくりに取り組むことにした。そこで住民主体の地域づくりの活動と一体的に地域福祉を推進していくという方針のもとに，重点事業の一つとして，「身近な地域福祉の拠点づくり」を位置づけ，地区保健福祉センター「まちの保健室」を市内全15地区に計画的に整備した。さらに，より身近なご近所の高齢者サロンなどの場となる「夢づくり広場」の整備に対して積極的な支援を進め，計画策定後5年間で130カ所にのぼる夢づくり広場を整備。これに伴い新たに多くの人々が身近な地域福祉活動に参加するようになっている。

　さて，まちの保健室では，身近な地域で保健福祉をはじめとする様々な生活相談に応じるとともに，介護予防や健康づくり，要支援者の見守り支援などの地域福祉活動に取り組むことにしていたが，まさに手探りからのスタートであった。当初は地域住民との信頼関係が構築できていなかったことや活動のノウハウが十分でなかったこともあり，様々な問題に直面したが，その度に地域住民や永田祐先生など多くの皆さんに支えられてきた。こうした関係者の支援に加え，職員の熱意と継続的な活動を通じて，まちの保健室に対する住民の理解も深まり，相談・訪問件数が大きく伸びてきた。

　また，一時期20％を超えていた要介護認定率が身近な地域での介護予防の取り組みなどにより17％前後に低下してきたこと。さらには，地域福祉や健康づくりの活動が各地で広がりを見せていることなど，まちの保健室は，地域の安心を支える基盤として地域の中に定着し，多くの市民からも評価されるようになってきたのではないかと感じている。

　今後，認知症など支援が必要な高齢者が大きく増加することに加え，障がい者の地域生活や子育て家庭への支援，地域保健活動の充実など，まちの保健室の業務はいっそう多様化し，増大することが見込まれる。こうした環境の変化に対応し，所期の目的を達成するためには，職員のスキルアップや新たな事業展開を図るなど不断に進化していくことが求められている。

　この際，まちの保健室の使命は，支援が必要な人に手を差し伸べることだけでなく，手を差し伸べる人や地域づくりの輪を広げていくことにあるということを改めて確認しておきたい。他者を思いやり，支えようとする幅広い人々との連帯を広げつつ，個別支援からコミュニティワークへの展開を図り，質の高い地域社会をともに創造していくことこそが，福祉の理想郷に通じる道である。

第3章	身近な総合相談窓口の機能を「見える化」する

本章の内容

> 前章でみたように，おおむね小学校区ごとに設置されることになった「まちの保健室」は，初期総合相談の窓口としてだけでなく，見守りや地域福祉活動の支援といった多様な事業を展開することが期待されている。また，地理的にも国が想定する日常生活圏域よりも「身近な」相談窓口が整備されたことになる。
> しかし，単に身近な地域に総合相談窓口を設置するだけで地域包括ケアシステムが構築できたり，地域福祉が推進できるわけではない。では，こうした身近な総合相談窓口に求められる「機能」や「役割」とはどのようなものだろうか。
> 本章では，名張市地域包括支援センター及びまちの保健室と1年間かけて行った実践研究の成果を踏まえて，身近な総合相談窓口に求められる機能や役割を明らかにしていきたい。

1　地域での地道な実践を「見える化」したい

　第2章でみたように，名張市では2005年に策定された第一次地域福祉計画において，まちの保健室の整備を掲げ，2008年までに全14地区でまちの保健室を順次開設し，保健・福祉の専門職を2名配置する体制を確立している（2010年からは15地区）。
　まちの保健室は，ネットワークづくりの要として，第2章で述べた地域づくり組織や民生委員と協働して住民の地域活動を支援し，同時に地域包括支援センターのブランチとして，センターと連携しながら初期総合相談の役割を担っている。

このようにして設置されたまちの保健室は，公民館区（おおむね小学校区）という小地域に相談窓口を開設し，専門職を配置することで，2011年度には訪問，来所，電話を含め2万235件の相談を受けるまでになっており，初期総合相談窓口として大きな役割を果たすようになっている。また，名張市は，2009年度から厚生労働省のモデル事業である「安心生活創造事業」に選定され，「地域ささえあい事業」として「もれのない見守り体制」の構築と「地域の支え合いの仕組み作り」を推進している。この中でも，まちの保健室は，民生委員と連携した見守り活動の推進と支え合いの担い手の掘り起こしや開発への支援，見守り支援対象者と活動者のコーディネートなどの役割が期待されるようになっている。
　以上のように，まちの保健室は「身近な地域」に設置された初期総合相談窓口として，様々な相談を受け，民生委員や地域住民とともに公的サービス利用の有無にかかわらず見守り支援を行うとともに，地域の支え合い活動を行う住民の担い手の掘り起こしや社会資源の開発といった役割（本書では，地域支援という）も期待されている。このように，小学校区ごとに初期総合相談と地域支援の拠点を整備し，専門職を配置していることが名張市の大きな特徴といえる。
　一方で，名張市ではこれまでも様々な研修や個別事例に対する地域包括支援センターのスーパービジョンなどを通じて，ワーカーの専門知識や能力の向上を図ってきたが，初期総合相談窓口のワーカーに求められている専門性や援助内容について体系的に養成を図ってきたわけではなかった。そのため，ワーカーの能力による取り組み状況の差やその結果としての地域ごとの差，求められる専門性や機能への共通理解が十分に図れていない，といった問題も生じていた。そこで，今後，まちの保健室が，個別支援と住民活動への働きかけである地域支援を一体的に展開していくための能力を高めていくことが課題として認識されるようになっていた。一方，地域包括支援センターの職員たちは，まちの保健室のワーカーたちが，様々なケースに対して地域に

第3章 身近な総合相談窓口の機能を「見える化」する

入り込み，地域とともにこうしたケースの解決に取り組んでいることも認識していた。にもかかわらず，こうしたすぐれた実践の中に共通するまちの保健室やそのワーカーが持つ「機能」や「視点」が「まちの保健室の実践」として蓄積されておらず，共通基盤として普遍化できていないことも問題として認識されていた。

つまり，第1に，個別支援と地域支援を一体的に展開していくための能力を個々人の能力でなく，体系的に高めていくこと，また，第2に，現在行われている実践の中から初期総合相談窓口であるまちの保健室やそのワーカーが持つべき機能や能力を一定の共通基盤として確立すること，が実践上の課題として認識されていた。

そこで，こうした実践課題に取り組むために，筆者と名張市地域包括支援センターが2010年度に実施したのが事例検討を通じたまちの保健室実践マニュアルの作成という研究事業である。

2　事例検討会を通じてまちの保健室の機能を「見える化」する

個別支援と地域支援を一体的に展開していくための能力を体系的に高めながら，現在行われている実践の中からまちの保健室やそのワーカーが持つべき機能や能力を一定の共通基盤として確立していくためにはどうしたらよいのだろうか。

地域包括支援センターの職員と協議を重ねる中で，この事業は，まちの保健室にまったく新しい支援の方法を確立することではないことがわかってきた。逆に，まちの保健室の実践の中には専門用語を使っていなくても，地域と一緒に支援をしているし，地域活動の支援もしている身近な相談窓口だからこそ可能な素晴らしい実践がたくさんある。すくなくとも地域包括支援センターの職員たちは，そのように確信していた。しかし，問題は，それをどう「意識化」したり，見えるようにする（「見える化」）するかであり，「スタン

ダード」(共通基盤)として定着させるか,ということであった。

　こうしたまちの保健室の実践に共通する「大切な視点」や「まちの保健室らしさ」,そして「機能」を「見える化」するためにはどのように研究を進めていけばよいか。地域包括支援センター職員,そしてまちの保健室の職員3名で協議を重ね,採用したのは次のような方法である。

　まず,14地区(当時)が決められた様式で,地域とともに解決に取り組んだ事例を報告して検討する「事例検討会」を合計7回開催した。各回の事例検討会は3時間程度で,毎回2事例を報告してもらい,14のまちの保健室すべてから事例を報告してもらった(新たにまちの保健室が設置された鴻之台・希央台地区は設置されたばかりであったため,事例検討は14地区の事例で行った)。事例は単なる概要ではなく,詳細な経過記録を含むため,数年にわたる見守り事例などは経過記録だけで数十枚にわたる長文事例であった。また,事例検討は,いわゆる今後の援助方針を検討するための事例検討ではなく,事例の中に隠されている「まちの保健室らしさ」を抽出することを主な目的に行った。事例検討の手順は,おおむね次の通りである。

---　事例検討の手順　---

　①経過記録に基づいて事例報告を行い(20分程度),②事例を踏まえてのグループ討議を行う(20分程度)。それを踏まえて③各グループからの討議内容を発表してもらい(20分程度),④最後にスーパーバイザーからのコメントとまとめを行う。事例を踏まえたグループ討議では,事例の中にある「まちの保健室らしさ」「支援でよかった点」を各自がカードに記入し,それをグループで討議して,グループの意見としてまとめてもらう。

　次に,こうして収集した「まちの保健室らしさ」「支援でよかった点」のカードをもとに,その内容をひとまとまりの構造を持った意味内容にまとめ,名刺大のカードに書き出した。この作業は,筆者と地域包括支援センター職員が行った。その結果,カードの枚数は316枚になった。この作業は,KJ法でいう「一行見出しづくり」にあたる(川喜多,1967:68-73)。

そして、各回の事例検討会とは別に、こうしたカードをグループに編成し、「まちの保健室らしさ」を視覚化することを試みるのが次の段階である。しかし、それに先立って実際にまちの保健室のワーカー3名と地域包括支援センター職員が事前にグループ編成の作業を実施したところ、カード内容が十分に要約できていないものが含まれていること、カードの枚数が多すぎることが判明したため、カード内容を再度要約化するとともに、すべてのグループですべてのカードを使うのではなく、ランダムに各グループが100枚のカードを使うこととした。この作業を経て、まちの保健室のワーカーが5つのグループに分かれて、ランダムに配布された100枚のカードでグループ編成作業を行い、それを模造紙上で図式化した。これは川喜多のいうKJ法A型と呼ばれる方法である（川喜多、前掲書）。

各回のグループ討議で行ったことは、それぞれの職員が考える「まちの保健室らしい実践」や「かかわり方」とは何か、普段は無意識に行っていることをカードに書き出し、言語化するという作業である。また、KJ法を行っていく過程は、それを他のまちの保健室職員と話し合い、一つの形としてまとめていく作業である。そのようにして、「まちの保健室らしさ」を5つのグループで協議し、整理してもらった。そのため、それぞれのグループごとに5通りの「まちの保健室らしさ」と機能が整理された。

このような方法を採用した理由は、研究者など第三者が客観的に実践を観察し、評価して「まちの保健室らしさ」を可視化するのではなく、そのプロセスにワーカー自身が関与し、主体的に取り組むことが自分自身での気づき

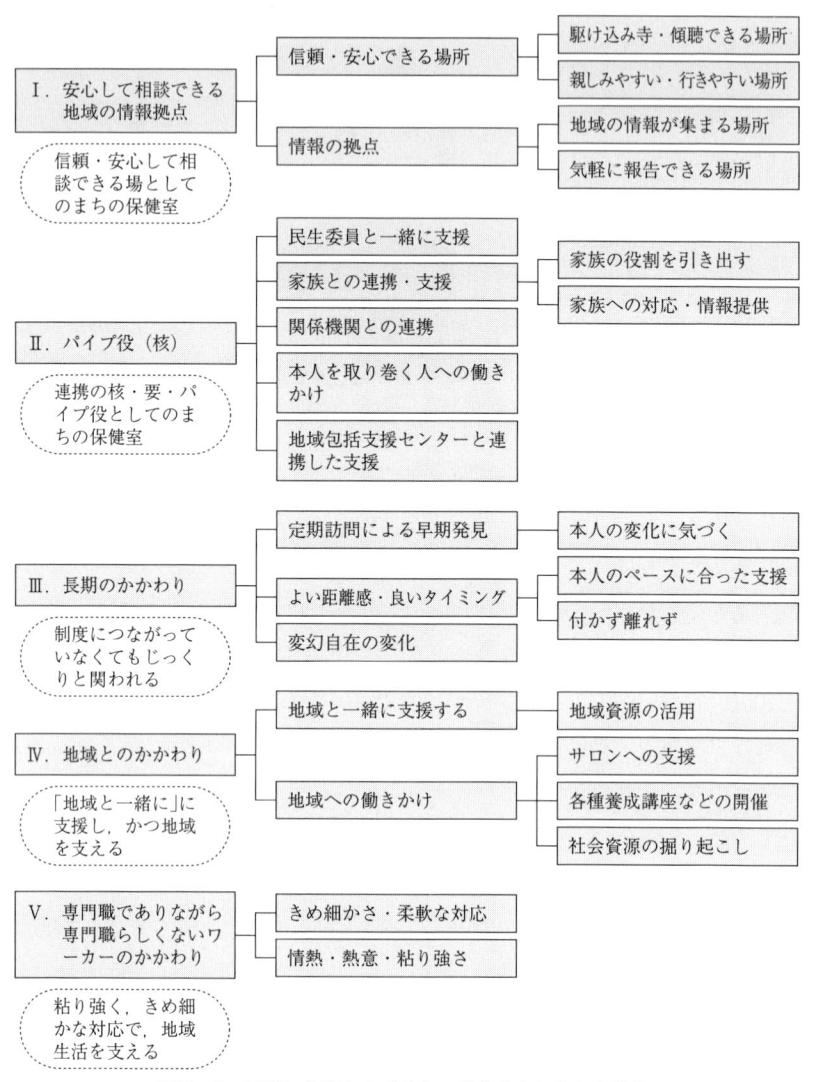

Ⅰ. 安心して相談できる地域の情報拠点 *(信頼・安心して相談できる場としてのまちの保健室)*	信頼・安心できる場所	駆け込み寺・傾聴できる場所
		親しみやすい・行きやすい場所
	情報の拠点	地域の情報が集まる場所
		気軽に報告できる場所
Ⅱ. パイプ役（核） *(連携の核・要・パイプ役としてのまちの保健室)*	民生委員と一緒に支援	
	家族との連携・支援	家族の役割を引き出す
		家族への対応・情報提供
	関係機関との連携	
	本人を取り巻く人への働きかけ	
	地域包括支援センターと連携した支援	
Ⅲ. 長期のかかわり *(制度につながっていなくてもじっくりと関われる)*	定期訪問による早期発見	本人の変化に気づく
	よい距離感・良いタイミング	本人のペースに合った支援
		付かず離れず
	変幻自在の変化	
Ⅳ. 地域とのかかわり *(「地域と一緒に」に支援し，かつ地域を支える)*	地域と一緒に支援する	地域資源の活用
	地域への働きかけ	サロンへの支援
		各種養成講座などの開催
		社会資源の掘り起こし
Ⅴ. 専門職でありながら専門職らしくないワーカーのかかわり *(粘り強く，きめ細かな対応で，地域生活を支える)*	きめ細かさ・柔軟な対応	
	情熱・熱意・粘り強さ	

図3-1 実践に共通する「まちの保健室らしさ」と機能

出所：筆者作成。

につながり，ワーカーの能力向上に有効であると考えたからである。

　また，こうした方法を質的データの分析という観点からみれば，次のように説明できる。まず，事例に基づいて「まちの保健室らしい実践」をカードに書き出す作業は，経過記録を含む長文事例という質的なデータに対する「コーディング」にあたり，それらを整理していく過程は，質的データから主要なテーマとパターンを発見していく「カテゴリー化」と呼ばれる作業にあたる。すなわち，支援において「まちの保健室らしい」とワーカー自身が判断した様々な支援の断片（質的なデータ）について，共通性を協議し，それを概念化する作業を通じてまちの保健室の様々な事例に共通するまとまりの発見（コーディング）とまとまりごとに共通する概念の発見（カテゴリー化）を行っていくという作業である（質的データの分析について，詳しくは田垣〔2008〕などを参照）。

　図3-1は，以上のような作業を通じて作成された5つのKJ法の結果をもとに，それぞれのグループで図式化された「カテゴリー（表札）」のタイトルや集められたカードを分析し，共通点を整理し，一つの成果としてまとめることを試みたものである。この作業も筆者と地域包括支援センター職員が協議の上行った。

　以下では，このような作業を通じて明らかになったまちの保健室の機能の柱となる5つのカテゴリー（「安心して相談できる地域の情報拠点」「パイプ役（核）」「長期のかかわり」「地域とのかかわり」「専門職でありながら専門職らしくないワーカーのかかわり」）について，次節でそれぞれの内容を詳しく説明し，最後にまちの保健室が果たしているこうした機能と役割をまとめ，身近な相談窓口の機能と役割について考察する。

> コラム3　地域包括ケア…

名張市地域包括支援センター長
田中明子

　私が高齢者福祉を担当するようになったのは，1995年4月の定期異動で「福祉部福祉課高齢者福祉係」へ配属されてからである。それ以前は，保健センターで応急診療所業務に従事しており，業務応援で在宅の寝たきり高齢者に施設での入浴サービスを提供する際のバイタルサインのチェックなどで入浴の可否を判断するために同行する程度であった。このサービスは福祉課職員が移送を行い，市内の特別養護老人ホームの機械浴のお風呂に入れていただくというものであり，利用者も数名程度であった。高齢者福祉係へ配属後は，ショートステイやデイサービスの利用調整，日常生活用具の貸与・給付事業等の決定，特別養護老人ホーム等への措置事務等を行っていた。国のゴールドプラン（懐かしい…）に基づいた名張市老人保健福祉計画を実行していかなければならない中，在宅介護支援センター（委託事業）の法人職員と一緒に仕事をする機会が格段に増えていったが，予算規模も小さく，介護や福祉がまだ自助と公助で対応できていた頃だった。一方，この頃は少子高齢化が問題視されはじめた時期でもあったが，私自身は地域やごく限られた関係機関以外との連携や協働ということは念頭になかった。

　その後の定期異動で部署は替わっても福祉行政に身をおいていたことから，介護保険制度の施行，地域保健福祉計画や老人保健福祉計画・介護保険計画の策定や改定，介護保険法の改正による地域包括支援センター設置とめまぐるしく状況が変化していくのを横目で見ていた。まちの保健室が発足した頃は，生活保護現業員だったので，生活保護受給している単身高齢者の見守りをお願いし，共に活動したこともあった。

　そのため，2012年4月に地域包括支援センター長として着任し，介護保険や高齢者福祉のありようを目の当たりにしたときは隔世の感があった。

　今後，地域包括ケアを推進するには，「自助・互助・共助・公助」の役割分担を支えとし，行政としての取組みを今後も継続し，よりよいものとなっていくように努めていくことが，センター長の責務と考える。

3 まちの保健室の機能の柱──5つの機能

（1）安心して相談できる地域の情報拠点──まちの保健室という「場」の性格

　まず，第1のカテゴリーは「安心して相談できる地域の情報拠点」である。これは，まちの保健室という場の性格についてまとめられたグループである。まちの保健室のほとんどが公民館という住民に身近な場所にあり，物理的にもそして心理的にも「信頼・安心できる場所」となっているという意味合いと，その結果として地域の様々な「情報が集まる拠点」になっているという意味合いがある。まちの保健室らしさ，そしてまちの保健室が果たしている機能，役割には，この「まちの保健室という場の性格」が大きく影響していた。

　まず，事例や協議の中で強調されていたのは，ワーカーたちがまちの保健室を「信頼・安心できる場所」としていくことを強く意識していることであった。地域住民のだれにとっても「親しみやすい」「行きやすい」場所であると同時に，自分もしくは近所，友人のことで困りごとを抱えている場合には，「駆け込み寺」となって「傾聴する」ことが重視されている。事例の中でも，地域住民やクライエント・家族，民生委員，区長，サロンなどの地域活動をしている住民，そして時には他の専門職がまちの保健室に「気軽に」立ち寄って，相談や報告をしていく様子が描かれていた。

　こうした「駆け込みやすさ」は，まちの保健室を自然と「情報の拠点」，すなわち地域の様々な情報が集まる場としているように思われる。まちの保健室は地域で起こっていること，民生委員が困っているケース，近所の気になる人のことなどを「気軽に報告できる場所」であり，地域の情報が集まってくるのである。こうしたまちの保健室の「身近さ」は，他にも「ほっとする場」とか「敷居の低さ」「地域にやさしい」「安心感」「親しみやすい」「身近」といったカテゴリーとして表現されていた。

> **安心して相談できる地域の情報拠点の具体例**
>
> まち保職員：「まちの保健室が地域にいる利点は，まず動くことであり，それが強みです。わからないことは地域包括支援センターにその場で尋ねています。」
>
> 民生委員：「いつも困ったときにすぐ頼るのがまち保さんです。すぐに動いてもらえるし，助言をしてくれるのでなくてはならない存在です」
>
> 事例の中では，民生委員や区長など地域の人が気軽にまちの保健室（まち保）に立ち寄って世間話をする中で，利用者の状況がわかったり，本人を見守っている人の存在がわかる場面や民生委員から一緒に見守り訪問への同行を依頼される場面がありました。また，見守りしている本人が「郵便局の帰り」などに「ふらっと」立ち寄ったりすることもありました。こうしたシーンから，まち保が地域での出来事や困りごとなどを気軽に報告できる場となっていることがわかります。事例の中でも，「こんな話をできるところがあってうれしい」といって，誰にも話せなかった話をまち保で打ち明ける人，「ほっとできる場所」としてまち保で思いのたけをぶつける人，そんな声を傾聴する姿がありました。
>
> ただし，まち保の「敷居の低さ」には，気を付けなければならない点もあるように感じました。あまりに地域や住民との距離が近くなってしまうと，まち保が「地域住民」そのものになってしまう恐れがあるからです。適度な距離を保ちつつ，密にかかわるという「専門職らしくない専門職らしさ」というのが，まち保らしい支援を展開していく上で，とても大切なポイントのように思います。（本節（5）参照）

　地域包括ケアシステムの視点からみると，住民にとって敷居が低く，なんでも安心して相談できる場が身近な地域の中にあるということは，問題の早期発見とそれに対する迅速な対応につながる。例えば，一人暮らしなどでリスクの高い高齢者層をスクリーニングしなくても，こうした身近で気軽に相談できる窓口があると，自然と情報が集まってくる。一方，民生委員や区長，地域活動を行っている住民の立場からみると，身近に専門職がいることは大

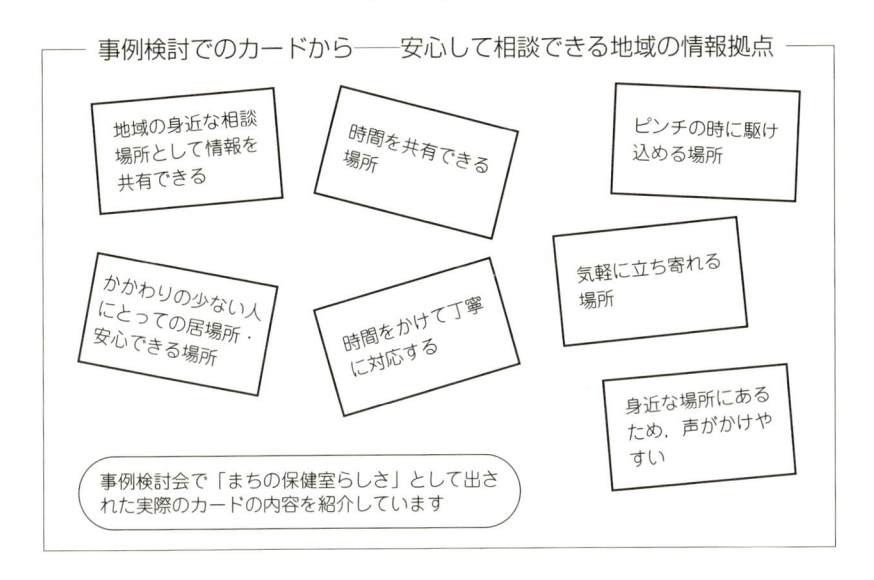

第3章　身近な総合相談窓口の機能を「見える化」する

┌─── 事例検討でのカードから──安心して相談できる地域の情報拠点 ───┐
│   │
│   ┌─────────────┐   ┌─────────────┐   ┌─────────────┐   │
│   │地域の身近な相談│   │時間を共有できる│   │ピンチの時に駆け│   │
│   │場所として情報を│   │場所   │   │込める場所   │   │
│   │共有できる   │   │   │   │   │   │
│   └─────────────┘   └─────────────┘   └─────────────┘   │
│   │
│   ┌─────────────┐   ┌─────────────┐   ┌─────────────┐   │
│   │かかわりの少ない人│ │時間をかけて丁寧│   │気軽に立ち寄れる│   │
│   │にとっての居場所・│ │に対応する   │   │場所   │   │
│   │安心できる場所 │ │   │   └─────────────┘   │
│   └─────────────┘   └─────────────┘   │
│   ┌─────────────┐   │
│   │身近な場所にある│   │
│   │ため、声がかけや│   │
│   │すい   │   │
│   └─────────────┘   │
│   │
│   ┌────────────────────────────────┐   │
│   │事例検討会で「まちの保健室らしさ」として出さ│   │
│   │れた実際のカードの内容を紹介しています │   │
│   └────────────────────────────────┘   │
└──┘

きな安心感につながるはずである。このように住民が課題を抱え込まなくてすむようになり，安心して活動に取り組むことが可能になっているといえる。また，課題を抱える家族や本人にとっても，「どこに相談したらよいかわからない」といったときにまず話を聞いてもらえる場となり，制度が使えなくても気にかけ，支援してくれる専門家の手助けを得ることができることになる。

　以上のように，まちの保健室の機能として，様々な地域の関係者にとって「信頼・安心できる場所」であること，そしてその結果，様々な地域の「情報が集まる拠点」となっていることが明らかになった。この機能を「安心して相談できる地域の情報拠点」とした。

（2）パイプ役（核）としての機能

　第2のカテゴリーは，「パイプ役（核）」としての機能である。支援における「まちの保健室らしさ」に共通する要素として，まちの保健室が利用者や家族，地域や関係機関との「パイプ役」もしくは「連携の核」となっていることが

71

まち保職員・民生委員の声──パイプ役（核）の具体例

> 民生委員とは普段から挨拶をかわし，些細な話も受け止め，迅速に対応しながら，連携が取れるような関係を保ちましょう。すぐ動くことはとても大切です。
> 　　　　　　　　　まち保職員

> 困ったときにいつでも相談でき，関係機関とのパイプ役になっていただき，助かっています。
> 　　　　　　　　　民生委員

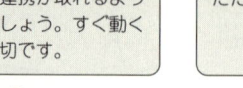

　パイプ役になるということは，単に情報が集まってくるということではなく，それぞれの資源がバラバラにならにようにコーディネートするということです。そのためには，情報の「やじるし」がまち保にきちんと向いているか，ということが重要になります。インフォーマルな資源のパイプ役は，制度や契約に基づいた関係ではないため，日頃からの信頼関係を積み重ね，まち保の役割を理解してもらうことも重要になるでしょう。

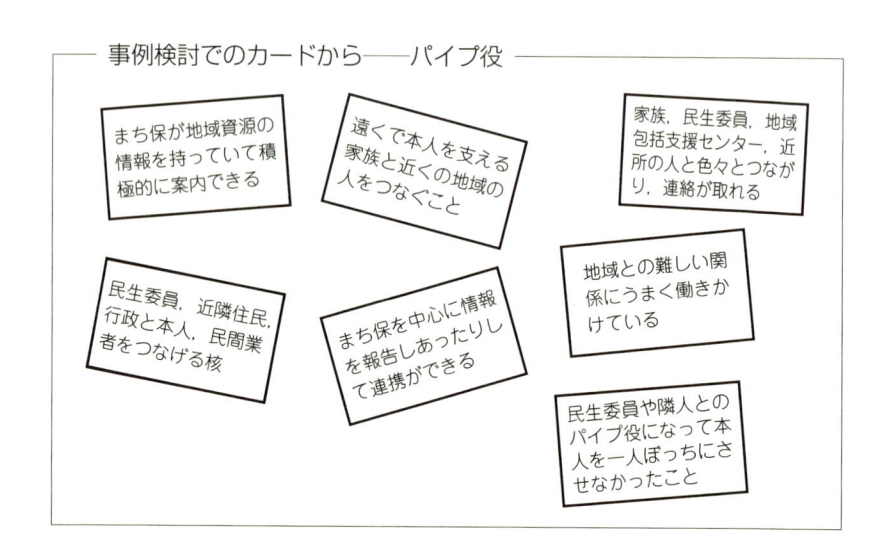

事例検討でのカードから──パイプ役

- まち保が地域資源の情報を持っていて積極的に案内できる
- 遠くで本人を支える家族と近くの地域の人をつなぐこと
- 家族，民生委員，地域包括支援センター，近所の人と色々とつながり，連絡が取れる
- 民生委員，近隣住民，行政と本人，民間業者をつなげる核
- まち保を中心に情報を報告しあったりして連携ができる
- 地域との難しい関係にうまく働きかけている
- 民生委員や隣人とのパイプ役になって本人を一人ぼっちにさせなかったこと

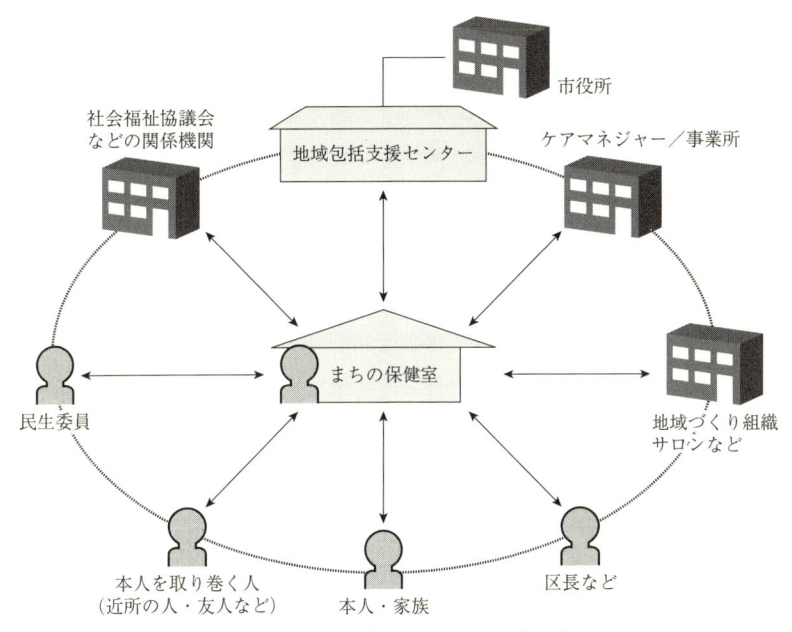

第3章 身近な総合相談窓口の機能を「見える化」する

図3-2 パイプ役としてのまちの保健室
出所：筆者作成。

挙げられていた。これは，まちの保健室が単に見守り支援をしているだけではなく，その支援において中心（核）となっているという点についてまとめられたグループである。

　パイプ役として，連携して支援にあたる「登場人物」は多岐にわたっていた。支援にあたっては民生委員がほとんどのケースで支援のパートナーとなっており（「民生委員と一緒に支援」），同居もしくは遠く離れた家族との連携や家族に対する支援（「家族との連携・支援」），要介護認定に至らないケースや介護保険利用後の見守り，社会福祉協議会の日常生活自立支援事業との連携（「関係機関等との連携」），本人を気にかけたり見守っていたりする近所の人との連携（本人を取り巻く人への働きかけ）そして，当然のことながら地域包括支援センターと連携を取りながらの支援（地域包括支援センターと連携した支援）

から構成される。

　もちろん,「パイプ役」というのは,こうした多様な登場人物とともに支援を行っているということだけでなく,まちの保健室がこうした「連携の核」になっていることを意味している。すでにみたように,まちの保健室は信頼できる場所として地域の様々な情報が集まる場であるが,「パイプ役になる」ということは単に情報が集まってくるだけでなく,そうした情報に基づいて適切なコーディネートを行うということを意味している。図3-2は,こうしたパイプ役としてのまちの保健室の機能を図示したものである。

　ただし,まちの保健室がパイプ役となるのは,制度などにつながる前の見守り支援の段階である。介護保険制度などの制度につながり,介護支援専門員などにコーディネート役が移行すればその役割は変化する。これについては,次項の「長期のかかわり」で詳しく述べる。

　以上のように,まちの保健室の機能として,特に介護保険などの制度につながる以前の段階において,フォーマル・インフォーマルな関係機関や人,本人,家族との連携の「パイプ役」となっていることが明らかになった。この機能は「パイプ役(核)」とした。

(3) 長期のかかわり

　第3のカテゴリーは,「長期のかかわり」である。事例検討では,長い事例で数年にわたるクライエントとのかかわりが描かれていた。3年間かかわっていても,介護保険制度や病院への受診といった制度につながっていない事例もある。もちろん,長くかかわっていればよいかというとそうではない。どのような視点で,本人のどのような変化を目指してかかわっているか,そして長期のかかわりの中でまちの保健室がどのような位置づけでかかわっていくかという点が,長期のかかわりの中で重要なポイントとなる。

1）長期にわたるかかわりの視点

　まちの保健室の長期間のかかわりは，まちの保健室が介護保険制度などにつながらないケースでも見守り対象とできるため，制度につながっていなくても「ちょっと気になる」段階でのかかわりと定期訪問（「こまめな訪問」という表現が使われることも多かった）によって，本人の変化に素早く気づくことができるという点にその特徴がある（「定期訪問による早期発見」「本人の変化に気づく」）。事態が深刻になってから専門職が関わるようになっても，本人のダメージが大きく，援助の選択肢が狭まって施設入所などの選択肢しか残されていない場合や，対応が後手になってしまうケースが多いことが指摘されている（岩間，2012：17）。まちの保健室のワーカーは，緩やかな見守りの中で「本人の変化に気づく」ことを意識して見守りを行っており，事例の中でもまちの保健室のワーカーが本人のちょっとした変化に気づくことで，必要な制度に素早くつなげることができている事例が多くあった。

　また，見守りをしている本人との関係は，「距離感」や「タイミング」といったことが意識されていた。ワーカーは専門職であり，地域住民と同じように見守りを行うわけではない。一定の距離感（「つかず離れず」）の関係の中で，変化があった時に介入する「タイミング」が重要になる。「本人のペースに合わせた見守り」という表現がしばしば使われていたが，制度利用を拒否している事例などの場合も，緊急性がなければ無理に制度につなげず，見守りの中で必要なタイミングを見極めて様々な提案をしていくということが重視されていた。

　さらに，こうした早い段階からのかかわりの中で意識されていたのは，地域と一緒に見守るという視点である。見守りは制度につなげるためだけに行っているわけではなく，ほとんどの事例にみられるように本人の社会関係を豊かにすること，できるだけ地域と一緒に，近所や地域の社会資源を活用しながら支援していくことが意識されていた。その人を取り巻く環境に焦点を当てて，できるだけ地域の中で社会関係を保ちながら暮らせるようにコーデ

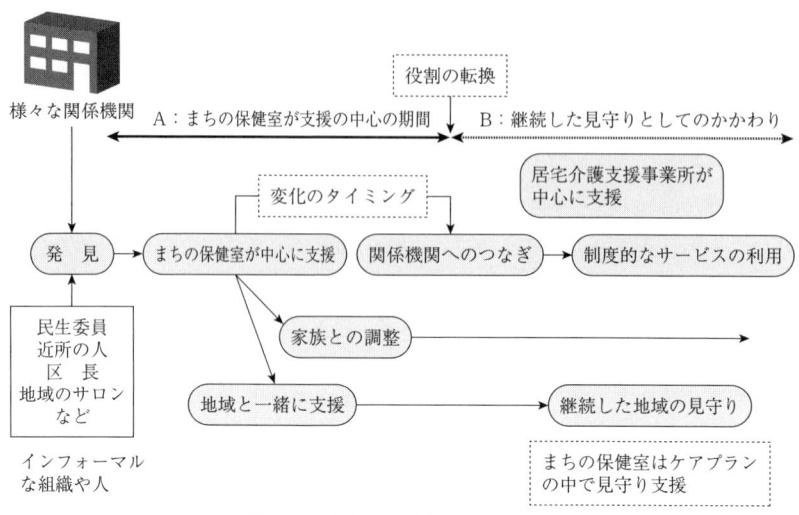

図3-3 まちの保健室の役割の変化

出所：筆者作成。

ィネートしていくことは，安易な制度利用の抑制にもつながると考えられる。関係を代替するものとして制度を利用しなくても，本人の社会関係や能力を生かした地域生活が可能になるからである（「地域と支える」ことについては，次節で詳しく述べる）。

2）変幻自在の変化が求められる

長期間にわたってかかわり続けるということは，支援体制が事例の経過とともに変化し，そこでのまちの保健室の役割も変化していくということを意味している（「変幻自在の変化」）。

図3-3に示したように，「気軽に相談」することができ，「敷居が低い」まちの保健室に様々な関係機関や地域から情報が集まることで，問題が「発見」されると，まちの保健室は定期訪問などによって見守り支援を開始していく。見守りの対象となった高齢者が，介護保険など制度の対象でない場合，まちの保健室が支援チームのコーディネーターとなって支援していく期間となる。

まちの保健室は、「柔軟」に、そして「気長」に、そして時には「めげずに」「粘り強く」こうした利用者とかかわり、民生委員や区長を中心とした地域住民とも協力しながら利用者を見守り、支えていく。また、必要なタイミングで、家族との調整や関係機関（例えば、地域のサロンや配食サービス、軽度生活援助事業）との調整をしながら支援していく（図3-3中A：まちの保健室が支援の中心の期間）。

しかし、利用者に何らかの「変化」が起こった時（例えば、転倒により骨折したり、認知症の症状が進行するといったこと）にはその変化を素早くとらえ、対応しなくてはならない。結果として、要支援及び要介護状態になった場合には、まちの保健室が中心となって支援する期間は終結し、支援チームのコーディネートの役割は地域包括支援センターや居宅介護支援事業所の介護支援専門員に移る（図3-3中「役割の転換」）。支援の中心が介護支援専門員に移ると、まちの保健室は介護支援専門員のケアプランの中で、見守りを継続する場合も多い（図3-3中B：継続した見守りとしてのかかわり）。もちろん、本人の状態が改善し、再び「自立」と認定されれば支援チームのコーディネートはまちの保健室に戻ってくることになる。このように、まちの保健室のワーカーは、一つの事例に対して制度利用の有無にかかわらず、継続的に、長期にかかわり続けることが可能であるという特徴がある。ただし、支援チームの中での役割は変化していくのである。

なお、図3-3中Aの期間をできるだけ長くすることが先に述べた安易な制度利用の抑制や介護予防であろう。まちの保健室の「敷居の低さ」「気軽に立ち寄れる場」であるといった特性から、早期に問題を発見することが可能になっており、同時に「地域と一緒に支援する」という支援方針によって、インフォーマルな社会関係を壊さない、もしくは継続できる支援を行うことができる。こうしたインフォーマルな社会関係は、本人の地域生活にとって極めて重要な資源であると同時に、介護支援専門員では十分に支援ができない領域である。

―― まち保職員の声 ――「長期的なかかわり」のポイント ――

> 私達の仕事は対人間であり，ご本人のニーズは日々変化します。今出した結果・答えが全てでないことを忘れず，変化していくニーズ・環境等を正確にキャッチし，その都度対応していく柔軟な対応が求められます。1回の面接・訪問でいかに質の高い対応が行えるかが勝負。それが長期のかかわりや信頼関係につながっていくと思います。（何気ない表情や顔色，声のトーンも敏感に受け止めて！）

> サービスを利用するようになってケアマネジャーに相談するはずが，まち保に相談の電話があったり，見守り訪問の時に相談になってしまうことも。そんな時には，聞いた内容をケアマネジャーに相談してもらうように伝えています。ケアマネジャーに直接相談してもらうように伝え続けることで初めは戸惑い気味の方も徐々に理解し，ケアマネジャーに相談してくれるようになっています。

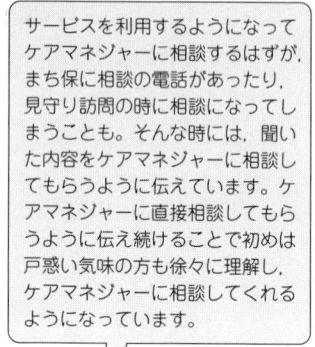

　長期間のかかわりにおける変化の察知や早期発見は，例えば定期訪問していたことによって，入院したことがすぐにわかり，退院後の生活の相談にすぐのることができた事例や，地域との連携ができていることで「様子や行動が少しずつおかしくなってきた」という詳しい近況が適宜把握できている事例がありました。地域のネットワークがないと，こうした情報が事態が深刻になってから専門職に入ってくることが多く，支援の選択肢が狭まってしまうことがよくあります。まち保は，身近な存在であり，民生委員や地域住民との日頃からの連携が取れていることが，こうした早期発見を可能にしている大きな要因でしょう。

　また，まち保の長期のかかわりにおいては，「役割の変化」を常に意識することが重要になります。漫然と見守るのではなく，自らの置かれている役割をその都度意識し，果たすべき役割を他の関係者と合意しながら行っていくことが大切になるといえるでしょう。

　以上のように，まちの保健室の機能として，長期にわたるかかわりが可能であり「定期訪問を通じた早期発見」が可能であること，また結果としてこうしたかかわりが介護予防に大きな役割を果たしていること，「適度な距離感」を保ちながら，必要な「タイミング」で介入していくことが必要であること，そして必要な場合には制度へとつなぎ，その役割を変化させつつも長

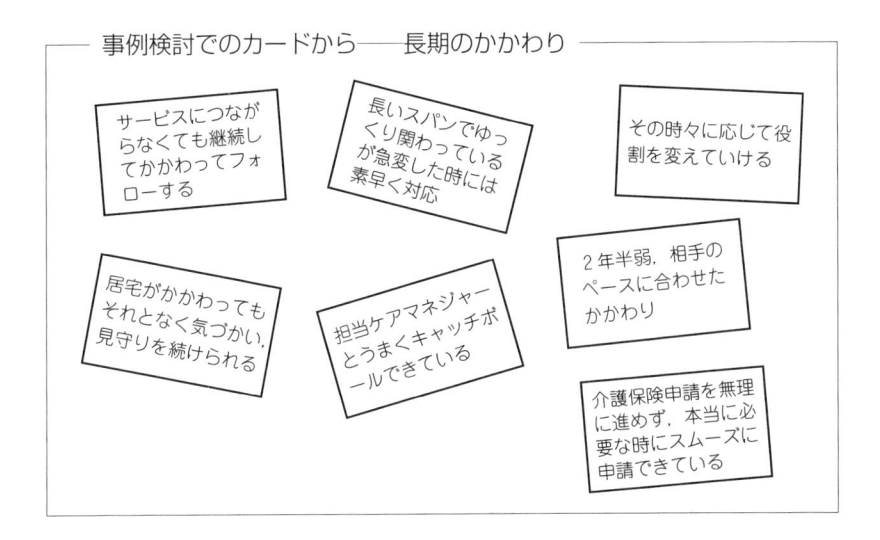

―― 事例検討でのカードから――長期のかかわり ――

- サービスにつながらなくても継続してかかわってフォローする
- 長いスパンでゆっくり関わっているが急変した時には素早く対応
- その時々に応じて役割を変えていける
- 居宅がかかわってもそれとなく気づかい，見守りを続けられる
- 担当ケアマネジャーとうまくキャッチボールできている
- 2年半弱，相手のペースに合わせたかかわり
- 介護保険申請を無理に進めず，本当に必要な時にスムーズに申請できている

期にわたってかかわっていくことが重要であることがわかった。こうした機能を「長期のかかわり」とする。

（4）地域とのかかわり

第4のカテゴリーは，「地域とのかかわり」である。地域とのかかわりには，①個別支援において特に地域のインフォーマルな資源と連携して支援することを意味するカテゴリー（「地域と一緒に支援する」）と，②個別支援などで把握した課題を地域に投げかけ，社会資源の開発につなげていくカテゴリー（「地域への働きかけ」）から構成される。

1）地域と一緒に支援する・支える

事例や協議の中でも「地域と一緒に支援する」ことが，まちの保健室の支援におけるスタイルとして定着していることは明確だった。すべての事例で，民生委員や老人会，サロン，区長，ボランティア，近所の人など様々な地域の社会資源のいずれかが登場している。まちの保健室の支援の大きな特徴の一つは，「地域と一緒に支援する」というスタイルにある，といっても過言で

> ─── 民生委員の声──地域とのかかわり ───
>
> 　「地域と一緒に支援する」ことは，まち保の「支援スタイル」といってもよく，すべての事例で「地域と一緒に支援する」ことが意識されていました。パイプ役であるまち保がかかわってからの本人のエコマップをみると，そのことがよくわかります。こうした支援は，まち保が地域から信頼され，パイプ役として認知されていなければできないことであり，現場のワーカーの日頃からの地域とかかわりの蓄積がこうしたことを可能にしているのだと思います。
>
> 　実際の民生委員の声を紹介しましょう。
>
> ┌──────────────┐　　┌──────────────┐
> │気がかりなお宅を一緒に訪問後，│　　│地区のサロンには常時来ていただ│
> │また訪ねてくれたり，その時の様│　　│き，健康の話や血圧測定等をして│
> │子などを連絡していただいたりす│　　│いただき，高齢者との交流を多く│
> │るので，同時に対応ができありが│　　│持っている。　　　　　　　　　│
> │たい。　　　　　　　　　　　　│　　└──────────────┘
> └──────────────┘
>
> 　一方，地域支援は，実施した講座の回数や参加した人の数でその成果を単純にはかることはできません。講座などの狙いを明確にし，そこに足を運んだ人を「巻き込んでいく」ことや意識を変えていくような働きかけ（地域を支援していくこと）が大切になります。

はない。家族と離れ，配偶者をなくしたり，地域から孤立しがちである高齢者を地域や他者と交流できる場へとつなぎ，本人の関係や生活を豊かにする支援はもちろん，こうした支援を単独で行うのではなく，民生委員や区長，自治会長，老人会長，近所の人達と一緒に行っている。見守り段階では，まちの保健室はこうした関係者のパイプ役となり，すでにみたように（本節（**1**）），まちの保健室（専門職）が関わることによって，地域の人は安心し，それによって自分たちの役割を果たせるようになるという側面がある。

2）地域への働きかけ

　地域と一緒に支援することが，「個別支援に地域の資源を活用する」という側面が強いのに対し，「地域への働きかけ」は，支援対象が地域そのものであ

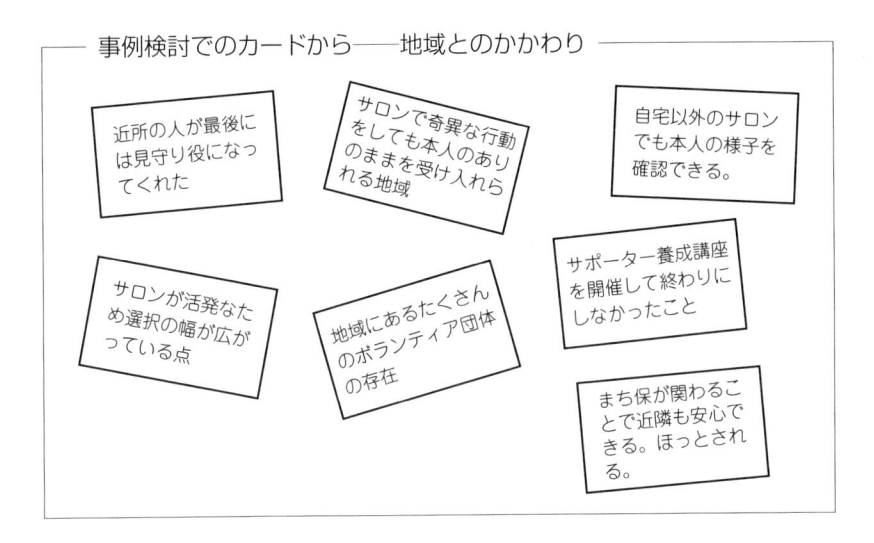

第3章 身近な総合相談窓口の機能を「見える化」する

── 事例検討でのカードから──地域とのかかわり ──

- 近所の人が最後には見守り役になってくれた
- サロンで奇異な行動をしても本人のありのままを受け入れられる地域
- 自宅以外のサロンでも本人の様子を確認できる。
- サロンが活発なため選択の幅が広がっている点
- 地域にあるたくさんのボランティア団体の存在
- サポーター養成講座を開催して終わりにしなかったこと
- まち保が関わることで近隣も安心できる。ほっとされる。

るという違いがある。地域と一緒に支えることが，まちの保健室のスタイルとして定着していることと比較して，地域そのものを支えていくことは，まちの保健室の実践として十分意識されているとはいえない面があった。しかしながら，事例の中にも地域に対する働きかけが多くみられた。例えば，認知症サポーター養成講座や，サロン活動の支援，人や資源の発掘といった様々な活動である。

　認知症サポーター養成講座を開催して終わるのではなく，地域の意識を変え（福祉教育），そうした人が活躍できる場を作っていく支援（組織化）として認識することが，「地域と一緒に支援をしていく」ための基盤，もしくは前提として必要になる。

　もちろん，まちの保健室のワーカーも地域での活動が活発であることが地域と一緒に支援していくための前提であることを理解しており，地域の資源を活用し一緒に支援していくだけでなく，「地域を支援する」ことを意識的に行っていく必要があるといえるだろう。

　以上のように，まちの保健室の機能として，「地域と一緒に支援する」こと

が定着していること，またそうした支援を可能にする前提として「地域への働きかけ」についても意識的に行っていく必要があることがわかった。こうした機能を「地域とのかかわり」とした。

（5）専門職でありながら専門職らしくないワーカーのかかわり

　ここまでは，名張市の地域包括ケアのシステムの中でまちの保健室が果たす役割について，「まちの保健室の初期総合相談窓口としての機能」を論じてきた。それは，あくまでまちの保健室という「機関」が持つ地域包括ケアシステムの中での機能であるが，事例検討を通じて，まちの保健室のワーカーに共通する個人の特性を超えた「気風」や「態度」のようなものも明らかになった。それが第5のカテゴリーである「専門職でありながら専門職らしくないワーカーのかかわり」である。

　利用者や地域に対するかかわり方の態度は，KJ法の作業の中で「情熱あふれる支援」とか「まち保魂」といったカテゴリーとしてまとめられており，「きめ細かさ・柔軟な対応」「情熱・熱意・粘り強さ」といったサブカテゴリーに整理した。「きめ細かさ・柔軟な対応」は，「専門職だが専門職らしくない対応もできる」とか，「（地域の資源を含めた）様々な提案を行うことができる」「時間をかけて丁寧に対応できる」といった支援のスタイルを指し，「情熱・熱意・粘り強さ」とは，連絡が取れなくても居留守をつかわれても，「あきらめることなく継続して声をかけ続けた」とか「1年以上会えずにいてもあきらめずに訪問し続ける」といった姿勢を指す。

　一方，こうした「情熱」は，一歩間違えれば，「いらぬおせっかい」と紙一重である。そこで，「公的機関としての対応をしつつ，家族の様に親身になってケアもできる」ことの微妙なバランスが，「まちの保健室らしさ」の大切なポイントであり，そうしたことを常に意識して援助することが重要だといえるだろう。

　以上のように，まちの保健室の機能として，地域や利用者に対して「専門

第3章 身近な総合相談窓口の機能を「見える化」する

―― まち保職員の声――専門職でありながら専門職らしくないワーカーのかかわり ――

　まち保のワーカーは，とにかく「めげない」し「粘り強い」ことを大切にしていました。引きこもりがちな高齢者を誘う。断られてもまた誘う。インターホンに出てくれなくなくても通う。不在でも不在票を入れる。こうした情熱が，地域との信頼関係につながったり，家族や本人を動かす原動力になっているように思います。もちろん，情熱も一歩間違えれば，「いらぬおせっかい」と紙一重です。事例検討を通じて，「公的機関としての対応をしつつ，家族の様に親身になって心のケアもできる」ことの微妙なバランスのむずかしさや面白さを感じることが何度もありました。

> まち保職員がご本人にとって頼みの綱…いなくてはならない存在になっていませんか？誰がまち保の職員になってもできる支援を考えてみましょう。「○○さんはしてくれたのに，あなたはしてくれないの？」なんてことのないように，丁寧に出来ないことを伝えて，出来る支援の方法をお伝えしています。

　本人や地域のために必要な存在でなくてはなりませんが，それが依存やかえって本人や地域の力を奪うことにならないように注意することが「微妙なバランス」のカギといえるでしょう。

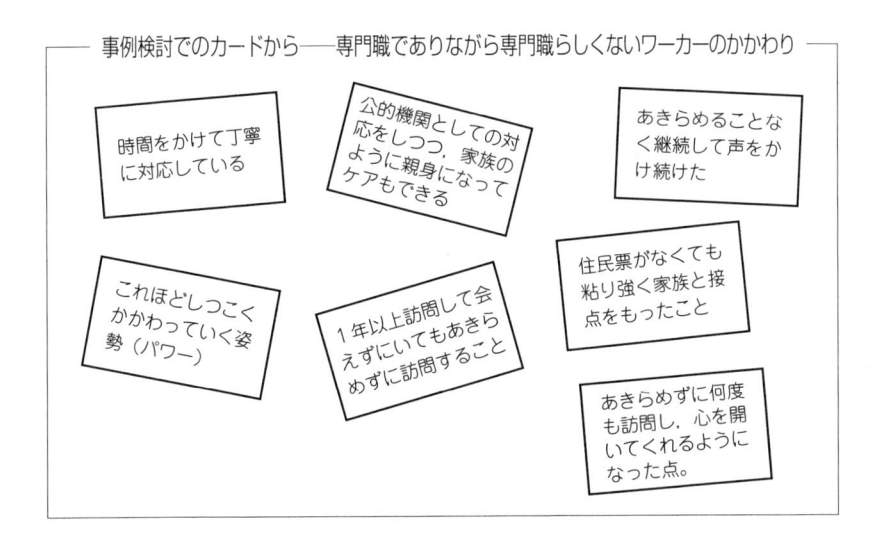

―― 事例検討でのカードから――専門職でありながら専門職らしくないワーカーのかかわり ――

- 時間をかけて丁寧に対応している
- 公的機関としての対応をしつつ，家族の様に親身になってケアもできる
- あきらめることなく継続して声をかけ続けた
- これほどしつこくかかわっていく姿勢（パワー）
- 1年以上訪問して会えずにいてもあきらめずに訪問すること
- 住民票がなくても粘り強く家族と接点をもったこと
- あきらめずに何度も訪問し，心を開いてくれるようになった点。

職でありながら、専門職らしくない」かかわりを行っていることが「まちの保健室らしいワーカー像」として共有されていることがわかった。この機能を「専門職でありながら専門職らしくないワーカーのかかわり」とした。

4 まちの保健室の実践評価と課題

　上記のようなプロセスを通じて、まちの保健室の地域包括ケアにおいて果たす役割を大きく5つのカテゴリーに整理することができた。しかし、これらの機能はあくまでも各地区の実践事例の検討から導き出されたものであり、それが機能として定着しているということを意味しているわけではない。

　そこで、すべての事例検討と結果のフィードバックが終了した後に、まちの保健室のワーカー（31名）に対し、本事業を通じてまちの保健室の機能として重要だと思われる項目（46項目）について、その達成度（「達成できている」「比較的できている」「どちらともいえない」「あまりできていない」「達成できていない」）について5件法で回答を得、その結果を分析することでまちの保健室の今後の課題を明らかにした（すべての項目と結果は、図3-4の通り）。

（1）ワーカーの考える達成度の分析

　達成度について、「達成できている」「比較的できている」を「できている」として集計した。達成度の高い項目と低い項目それぞれ15項目を表3-1～2にまとめた[1]。

　まず、達成度が高いのは、「民生委員が気軽に相談できる場であること」「民生委員と連携すること」であり、多くのワーカーが達成できていると評価している。続いて「地域包括支援センターと連携すること」、そして「地域包括

---

[1] 達成度の46項目は、図3-4の通りである。これらの項目は、5つのカテゴリーのそれぞれに重要であると考えられる項目として、川島（2011）のコミュニティソーシャルワーカーに対する調査項目も参考に作成した。

第3章　身近な総合相談窓口の機能を「見える化」する

項目	値
民生委員が気軽に相談できる場であること	96.7
民生委員と連携すること	96.7
地域包括支援センターと連携すること	83.3
個人情報に対して配慮すること	73.3
地域住民の声を傾聴できる場であること	73.3
地域包括支援センターと情報を共有すること	70
利用者のニーズに合った支援をすること	70
フォーマルなサービスがない場合かかわりを持ち続けること	70
地域から支援を必要とするケースの情報を得ること	66.7
利用者・家族が気軽に相談できる場であること	63.3
サロン活動など地域で取り組まれている住民活動に参加すること	63.3
他の専門的な機関につなげたり引き継ぐこと	63.3
行政から支援を必要とするケースの情報を得ること	63.3
地域住民が気軽に相談できる場であること	63.3
情熱をもって支援すること	56.7
柔軟に対応すること	56.7
(支援が必要な人と)よい距離感を保つこと	56.7
誰でも気軽に立ち寄れる場であること	56.7
臨機応変に対応すること	55.2
粘り強く対応すること	53.3
サロン活動など地域で取り組まれている住民活動を支援すること	53.3
地域づくり組織との関係を作っていくこと	53.3
(地域住民と)よい距離感を保つこと	50
地域の社会資源につなげること	46.7
定期訪問により早期発見すること	46.7
きめ細かく対応をすること	43.3
地域活動から支援を必要とするケースの情報を得ること	43.3
地域の保健室的な役割について地域住民に情報提供すること	43.3
まちなかの様々な情報が集まる場であること	43.3
地域の中にある住民活動についてよく知っておくこと	40
支援の目標を明確にし援助活動を行うこと	40
担当の地区内の高齢者の情報を把握しておくこと	40
介護支援専門員と連携すること	36.7
ケース会議などを開き関係者と情報を共有すること	33.3
サロン活動など住民活動の立ち上げを支援すること	30
その他の専門職や機関から支援を必要とするケースの情報を得ること	30
地域づくり組織の活動を支援すること	26.7
家族に情報提供すること	26.7
自立に向けて支援すること	23.3
本人を取り巻く人(近所の人等)に働きかけること	23.3
住民活動のリーダーを支援すること	20
各種養成講座などを開催すること	20
地域の状況を調査などにより把握すること	20
家族の役割を引き出すこと	20
介護支援専門員が気軽に相談できる場であること	20
当事者組織(例えば介護者の会)などの活動を支援すること	0

図3-4　ワーカーの考える達成度（N=31）

出所：筆者作成。

支援センターと情報を共有すること」も高い割合を示していた。また，「地域住民から支援を必要とするケースの情報を得ること」も高い割合を示しており，民生委員や地域包括支援センター，そして地域住民と連携しながら支援を行うというスタイルが定着していることを示している。

　また，問題の発見についていえば，先の民生委員に加え，「地域住民の声を傾聴できる場であること」「利用者・家族が気軽に相談できる場であること」や「地域住民が気軽に相談できる場であること」といった項目が高い割合を示しており，まちの保健室の5つのカテゴリーのうち，「安心して相談できる地域の情報拠点」については，ワーカーの達成度の認識が高かったといえる。

　さらに，「フォーマルなサービスにつながらない場合もかかわりを持ち続けること」や「他の専門的な機関につなげたり引き継ぐこと」は，まちの保健室の5つのカテゴリーでいえば，「長期のかかわり」に関連する内容であり，こうした項目も意識した取り組みがなされていることがうかがえた。

　以上のように，地域包括ケアの機能でいえば，「発見」から「つなぎ」，そして民生委員と地域包括支援センター，地域住民と連携した支援ということについて，まちの保健室のワーカーたちは「達成できている」と考えている割合が高いことがわかった。

　では，達成度が低いと認識されている項目はどのような項目だろうか。

　まず，「当事者組織（例えば介護者の会）などの活動を支援すること」や「住民活動のリーダーを支援すること」「サロンなど住民活動の立ち上げを支援すること」「地域の状況を調査などによって把握すること」「各種講座などを開催すること」「地域づくり組織の活動を支援すること」「担当地区内の高齢者の情報を把握しておくこと」といった「地域支援」に関する項目の達成度が総じて低いと認識されていることが一目瞭然である。

　次に，連携のメンバーとしては，すでにみたように民生委員，地域包括支援センター，地域住民と比較すると，「介護支援専門員が気軽に相談できる場であること」「介護支援専門員と連携すること」の達成度が低かった。まちの

表3-1 「達成度」の高い項目

(N=31)

項　目	できている割合
民生委員が気軽に相談できる場であること	96.7
民生委員と連携すること	86.7
地域包括支援センターと連携すること	83.3
地域住民の声を傾聴できる場であること	73.3
個人情報に対して配慮すること	73.3
地域住民から支援を必要とするケースの情報を得ること	70
フォーマルなサービスにつながらない場合もかかわりを持ちつづけること	70
利用者のペースに合った支援をすること	70
地域包括支援センターと情報を共有すること	70
利用者・家族が気軽に相談できる場であること	66.7
地域住民が気軽に相談できる場であること	63.3
行政から支援を必要とするケースの情報を得ること	63.3
他の専門的な機関につなげたり引き継ぐこと	63.3
サロン活動など地域で取り組まれている住民活動に参加すること	63.3
誰でも気軽に立ち寄れる場であること	56.7

出所：筆者作成。

　保健室は，介護保険につながる前の高齢者と主にかかわることになるため，介護支援専門員よりもインフォーマルな主体とのかかわりが多いのは当然といえるが，介護支援専門員が「介護保険にはつながらないが気になるケース」などをまちの保健室に相談することはあるだろう。また，介護支援専門員のプランの中で見守りを行うということは実際に行われており，こうした連携が不要ということはない。

　さらに，「家族の役割を引き出すこと」や「家族に情報提供すること」の達成度も比較的低かった。本人への支援は行えていても，家族へのアプローチが不十分だと感じているということだろう。支援するケースは，結果的に一人暮らしであったり高齢者のみの世帯が多くなるから，家族の役割を引き出したり，情報提供することが難しい場合が多いことも影響していると考えら

表3-2 達成度の低かった項目

(N=31)

項　目	できている割合
当事者組織（例えば介護者の会）などの活動を支援すること	0
介護支援専門員が気軽に相談できる場であること	20
家族の役割を引き出すこと	20
地域の状況を調査などによって把握すること	20
各種養成講座などを開催すること	20
住民活動のリーダーを支援すること	20
本人を取り巻く人（近所の人等）に働きかけること	23.3
自立に向けて支援すること	23.3
家族に情報提供すること	26.7
地域づくり組織の活動を支援すること	26.7
その他の専門職や機関から支援を必要とするケースの情報を得ること	30
サロンなど住民活動の立ち上げを支援すること	30
ケース会議などを開き，関係者と情報を共有すること	33.3
介護支援専門員と連携すること	36.7
担当地区内の高齢者の情報を把握しておくこと	40

出所：筆者作成。

れる。しかし，事例検討では，遠方の家族や近居の家族などの不安を軽減したり，家族を地域とつなげていくといった「パイプ役」の役割を果たしている事例も多く，こうした役割は重要だといえるだろう。

（2）課題についての示唆

　以上の分析から，総合相談窓口としてのまちの保健室の今後の課題としては，以下のようなことが考えられる。

　まず，第1に地域支援の視点である。先の結果でも明らかなように，ワーカーたちの地域支援への達成度の認識は極めて低かった。まちの保健室の機能でも見たように，「地域への働きかけ」を全く行っていないわけではないが，意識的にそうした支援を行っているとはいえない面があった。しかしながら，

地域と支援していくだけでなく，一人の住民の課題やケースを通じて地域を変えていく，地域に働きかけていくといった個別支援と地域支援を一体的に展開することは，総合相談に求められる機能の一つである。もちろん，こうした支援をまちの保健室の2人のワーカーですべて行うことは難しいかもしれない。ただ，こうした支援は，伝統的に社会福祉協議会が行ってきたことでもあり，社会福祉協議会の地域担当者との連携によってより効果が発揮できるかもしれない。残念ながら，事例検討の中では社会福祉協議会の行う日常生活自立支援事業や生活福祉資金などでの連携はあったものの，地域支援の連携についてはほとんどみられなかった。すべてをまちの保健室で行うのではなく，他機関と連携して地域支援に取り組むことも一つの方向性として考えられてもよい。

次に，連携が不足している地域包括ケアの登場人物としては，介護支援専門員と家族が挙げられるだろう。「パイプ役」として多様な関係者との連携が必要であるが，特に介護支援専門員，そして家族との連携を意識的に行っていくことが課題といえるだろう（もちろん必要な場合であるが）。

5　アクションリサーチとしての研究事業の成果

本章では，まちの保健室のワーカーが個別支援と地域支援を一体的に展開できるような能力を高めていくこと，そしてまちの保健室に求められる視点や機能を共通基盤として確立することを目的に行った研究結果をまとめてきた。ここでは研究事業の目的であるワーカーの能力を高め，共通基盤を確立することについての成果を述べる。

まず，まちの保健室のワーカーの能力を高めていくことについては，すべてのまちの保健室が事例検討のために詳細な経過記録を含めた記録を準備し，実際に事例を検討し，お互いが大切にすべき視点を協議する中で，一定の効果があったことがうかがえた。このことは，研修の最終日に行った自由回答

によるフィードバックの中の以下のような回答に表れているといえる。

- 発表することにより，ケースについて振り返り，じっくりと考え直すことができた。
- 自分たちのやっていることを見直し，整理することができた。自分のやり方の長所・短所をつかむことができた。
- 自分が抱えている問題が，文章にすることでよくわかった。
- 自分たちの活動を客観的な視点でみることができた。
- 記録することによって自分たちのかかわりに疑問を感じる点，他の支援もあったのではなど考える機会になった。

　これらは，事例検討のために記録を再構成し，かかわりを詳細な経過記録に落とし，他地域のワーカーも含めた全員で検討したことによる成果である。
　次に，まちの保健室に求められる視点や機能を共通基盤として確立することについてである。本章のはじめに述べたように，地域包括支援センターの職員はまちの保健室のワーカーたちが，地域に入り込み，地域とともに支援していることを認めていたが，それを共通基盤として確立することの必要性を感じていた。この事業のポイントは，こうした認識を踏まえ，例えば「国のマニュアルにはこう書いてある」とか，「理論的にこうするのが正しい」といった上から「こうした機能を持つべきだ」とするのではなく，すでにある実践の中から実践者自身が身近な相談窓口の持つ機能を自分たちで明らかにしていったことにある。この点についても，同じくワーカーのコメントから成果を考えてみたい。

- 何をしてきたのか，そして，これからどうしていったらよいのかを再確認できた。
- これまで漠然としていたまち保の業務が「まちの保健室らしさ」と課

第 3 章　身近な総合相談窓口の機能を「見える化」する

Step 1　事例検討　　14（当時）地区のまちの保健室の「実践事例検討会」（合計 7 回）
　　　　⬇
Step 2　カード化　　「まちの保健室らしい支援」をカード化
　　　　⬇
Step 3　カテゴリー化(KJ法)　「まちの保健室らしい支援」を職員自身で「見える化」

Step 4　マニュアルの作成

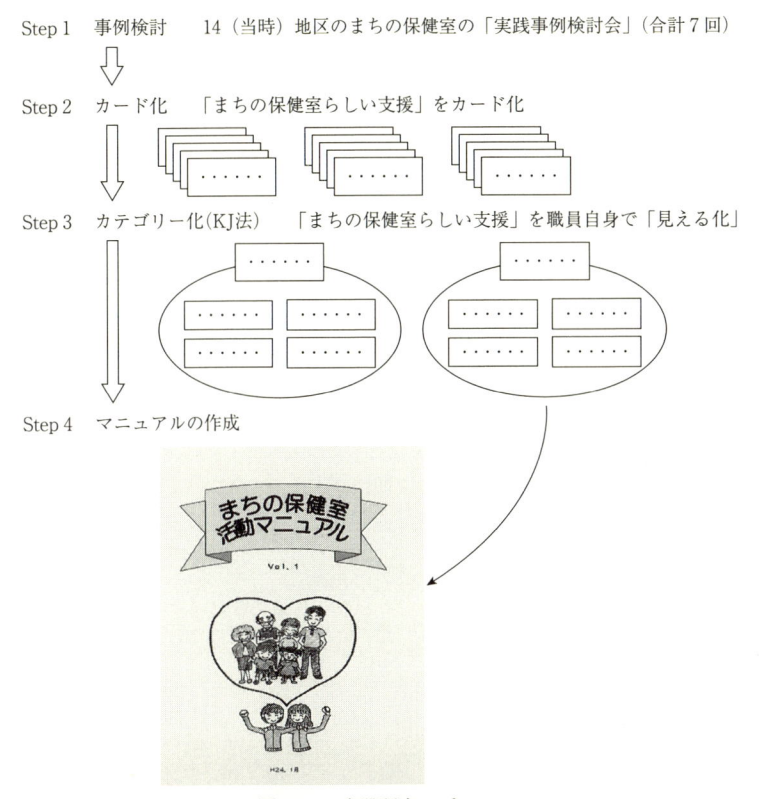

図 3-5　実践研究のプロセス
出所：筆者作成。

題を明確にしていく中で整理できた。
- 自分で考えたり，思ったりしていることを言葉で表現する機会も少なく，皆と話し合いの場が持てたことで意識の違いや共通点が発見できた。
- まちの保健室らしさをまとめていくことで，私たちがどうかかわっていけばよいのかという指針になった。
- 同じ職でありながら地域差や人口等の違いで対応も違う。足並みをそ

ろえることはなかなか難しいが，自己の価値観だけで判断しないよう，横のつながりも大切にし，お互いを理解し合い，意見しあえるまちの保健室でありたい。

　これらのコメントは，ワーカーがこれまで「漠然としていた」自らの業務を整理できたり，再確認できたり，共通点を発見したり，指針となるものを意識できたことを示している。

　なお，この研究事業終了後には，名張市地域包括支援センターは，まちの保健室のワーカー自身がまとめた5つのカテゴリーを軸にした「まちの保健室活動マニュアル」をまとめ，活動の「共通基盤」を示すことになった。図3-5は，以上のプロセスをまとめたものである。

> コラム4　「支援」という目には見えないものを見せていくこと──行政職としてのかかわり

元・名張市健康福祉政策室
奥出裕香子

「まちの保健室の支援のあり方をマニュアル化すること」。これは，健康福祉政策室と地域包括支援センターの行政職員である私たちに対して，上司が与えた課題でした。最初はファーストフード店の接客をイメージしました。一方，福祉の課題は生まれてから死ぬまでの人のライフステージの各場面で起こりうることであり，「そんな壮大なことをマニュアル化するなんて…」という思いも抱きました。

その後，地域福祉計画や介護保険事業計画の策定，事務局運営などを行う中で，専門職の業務や役割を少しずつ知り，民生委員，市民活動団体の方々などとかかわる中で，名張市の取り組みが自信を持って発信できるものであることを徐々に理解していきましたが，マニュアル化にまでは到底行き着きそうもありませんでした。

そんな中，地域福祉シンポジウムでの講演をお願いした永田祐先生との出会いが，大きな転機となりました。永田先生は，学術的視点に基づきながらも誰にでもわかる言葉で名張市の取り組みの概要を提示してくれ，また，実際の支援のあり方を先生や専門職員と一緒に考える機会を得られました。その結果，名張市の取り組みを腹に落とし込むことができ，マニュアル化に向けての作業が大幅に前進しました。

支援という目には見えない方法論をあえてマニュアル化することで，闇雲に突き進むのを予防でき，目的を明確にし共有して進む安心感を得られます。マニュアルに沿った支援がしくみとして定着すれば，支援の質が上がり，さらに，アレンジが可能になるというように，良い連鎖の中で業務を進めていくことができます。上記の上司からの課題は，これがねらいだったのでは，と今では思います。

福祉の部署を離れた今，総合相談は福祉の専門職の十八番ではないと思っています。環境，税金，都市整備，農林，商工，教育など，市民の生活にかかわる様々な問題へのアプローチは，行政職員が担う役割です。地域に住まう方々と一緒にまちの将来を描いていくという「福祉的な支援を通じたまちづくり」が，あらゆる問題についての支援に通ずるものだと実感しています。

第4章　住民・地域の視点からみたまちの保健室

本章の内容

　本章では，地域包括支援センターやまちの保健室の側からではなく，地域福祉活動に関わる住民の視点から総合相談窓口の役割について考える。
　まず，地域づくり組織の活動とまちの保健室との関係について，名張市のすずらん台地区，つつじが丘・春日丘地区の事例を取り上げ，地域づくり組織による活動の実際とまちの保健室との関係を考察する（第1節）。
　次に，前章でもみたように，まちの保健室の支援において常に連携する主体である民生委員とまちの保健室との関係について民生委員を対象に行った質問紙調査の結果から検討する（第2節）。
　最後に，基礎的コミュニティのレベルでの活動であるサロン活動を事例に，サロン活動参加者に対して行った質問紙調査と主催者への聞き取り調査から，サロン活動とまちの保健室の連携について考察し，小地域福祉活動とまちの保健室の関係のあり方についても検討する。

1　地域づくり組織と地域福祉の展開――すずらん台地区の取り組みから

（1）すずらん台地区の概況

　すずらん台地区は，4つの自治会から構成される1,500世帯4,000人が生活する東西に傾斜した「坂のまち」であり，昭和50年代の宅地開発によって大阪，奈良などの関西圏から移住した人が多い戸建て住宅中心の地区である。地域内に商店が少なく，坂が多いために車が必需品となっており，車が使えない高齢者にとって移動が困難であることから，交通弱者の移動の確保が大きな課題となっていた。

ライフサポートクラブの会員と
コミュニティバス

2003年に,すずらん台においても市からの呼びかけにより地域づくり組織として「すずらん台町づくり委員会」(以下,町づくり委員会)が発足した。当時取り組まれてきた地域福祉計画の策定のための住民懇談会で,すずらん台の抱える問題の中で,交通弱者への支援が最も大きな問題として取り上げられたことをきっかけに,2004年,町づくり委員会は総会でコミュニティバスの導入を決定し,車両購入費として毎年25万円を積み立てることを決めた。2007年9月には,地域の役員など12名からなる「コミバス検討委員会」が発足した。一方,市は地域づくり組織が地域内交流の促進や地域福祉活動として,交通弱者のための車両を購入した場合に,150万円を上限とする補助制度を創設した。ただし,補助はあくまで車両購入費であり,運行した場合の運営費は含まれていなかった。また,道路運送法の規定から,利用者からガソリン代以外のものを徴収することもできなかったため,車の維持費,人件費などの運営費の確保がコミュニティバス導入の大きな課題となった。さらに,すずらん台では,2018年には高齢化率が34.4％,2023年には42.8％と急激な高齢化が予想されていることもあり,交通だけではなく高齢者の生活を支援し,いつまでもすずらん台で暮らし続けていくためのしくみづくりが大きな課題として認識されていた。

(2)ライフサポートクラブの設立

こうした課題を解決していくためのアイディアとして,家事や日曜大工,庭の手入れ,コミュニティバス運行といった地域の高齢者のニーズに応え,応分の会費や利用料を徴収することでこれを運営資金とし,サービス提供会

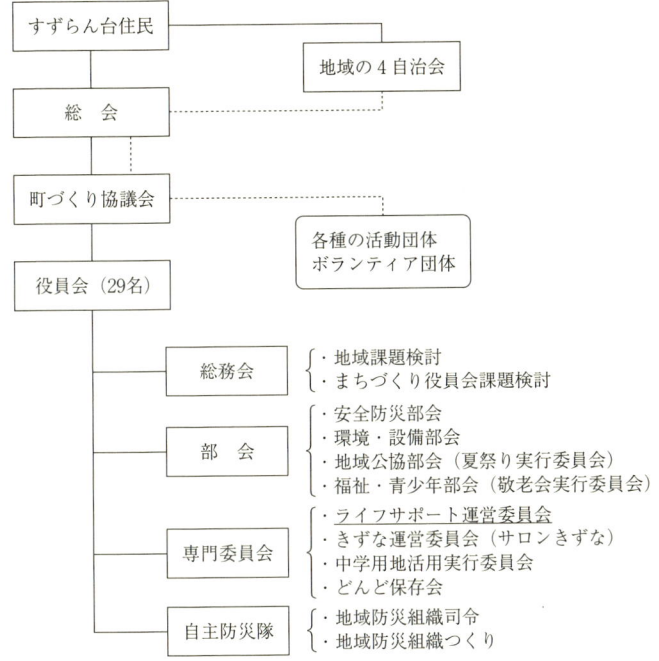

第4章　住民・地域の視点からみたまちの保健室

```
すずらん台住民
    │
    │────────地域の4自治会
  総　会
    │　　　　　　　　　│
    │　　　　　　　　　│
町づくり協議会
    │　　　　　　　　　│
    │────────各種の活動団体
    │　　　　　　　　ボランティア団体
役員会（29名）
    │
    ├──総務会──{ ・地域課題検討
    │           ・まちづくり役員会課題検討
    │
    ├──部　会──{ ・安全防災部会
    │           ・環境・設備部会
    │           ・地域公協部会（夏祭り実行委員会）
    │           ・福祉・青少年部会（敬老会実行委員会）
    │
    ├──専門委員会──{ ・ライフサポート運営委員会
    │               ・きずな運営委員会（サロンきずな）
    │               ・中学用地活用実行委員会
    │               ・どんど保存会
    │
    └──自主防災隊──{ ・地域防災組織司令
                    ・地域防災組織つくり
```

図4-1　すずらん台の地域づくり組織の組織図と関連団体
出所：「すずらん台町づくり委員会」資料より筆者作成。

員への謝礼や車の維持費に充てる組織を立ち上げる構想が生まれた。そして，話し合いの中で町づくり委員会が主体となった「すずらん台ライフサポートクラブ」（以下，ライフサポートクラブ）を立ち上げることが決まり，2008年3月から活動を開始することになった。

　現在，ライフサポートクラブは，町づくり委員会の「専門委員会」の中にその運営委員会が設けられており，会長，事務局長，コーディネーターや各自治会の代表などがメンバーとなって日々の運営がなされている（図4-1参照）。ライフサポートクラブは，町づくり委員会の専門委員会であり，毎月の町づくり委員会の役員会で活動を報告している。「運営委員会」という形をとったのは，いわゆる「充て職」ではなく，継続的にかかわれるメンバーが

97

ライフサポートクラブ会員の活動の様子

必要であるという判断からだったという。つまり、日々の運営はライフサポート運営員会で意思決定なされるが、最終的な意思決定は町づくり委員会でなされることになっている。

また、ライフサポートクラブの運営には、町づくり委員会の予算60万円が充てられているが、そのうち35万円は、それまで約85万円で行っていた敬老会（会食会）の予算を会食から茶話会に変更することで捻出した。当初は、敬老会予算の削減には反対の声もあり、総会でも反対の声があがったという。しかし、地域の高齢者のために必要な事業であることを説明し、承認が得られることになった。従来であれば敬老会のための「補助金」は敬老会にしか使うことができなかったが、ゆめづくり地域予算制度では、こうした補助金が一括して地域づくり組織に対して「交付金」として交付される。住民が必要だと判断すれば、上記のような予算の組み替えを住民自身の話し合いと判断によって行うことができるという一つの例といえる。

（3）ライフサポートクラブのしくみ

現在、ライフサポートクラブの会員数は、237名（活動会員71名、利用会員166名）である（2012年11月）。サービスを利用する場合は、図4-2に示したように、利用者からの依頼に応じてクラブのコーディネーターが訪問し、活動会員をコーディネートする。会の運営費に充てるための利用会員の年会費は2,000円、生活支援は1時間まで一人700円、以後30分ごとに500円を支払う。[1]

---

(1) 2010年度のサービス提供時間は336.5時間、2011年度は372時間、2012年度は4〜11

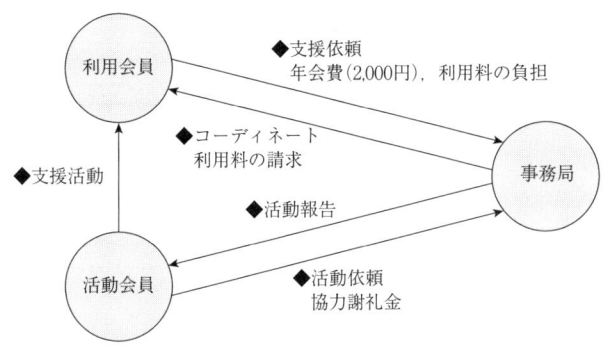

図4-2 ライフサポートクラブのしくみ
出所：図4-1と同じ。

活動会員には，1回500円，1時間以上の作業の場合は1,000円が協力謝礼金として支払われる。また，コミュニティバスは，行き先に応じてガソリン代相当の実費を利用券で徴収している。

なお，すずらん台は，地区内で活動する14の団体が集まり，地区内のボランティア連絡会（すずらん台ボランティア連絡会）を作るなど，ボランティア活動が活発な地域である。当初のライフサポートの活動会員は，この連絡協議会から参加した人も多かったという。こうした地域でのボランティア活動の蓄積が，ライフサポートクラブの活動の基盤となっていることも忘れてはならないだろう。

（4）ライフサポートクラブとまちの保健室の連携

以上のように，ライフサポートクラブは地域づくり組織が主体となった移送サービスを含む有償の助け合い組織であるが，次に地域の総合相談窓口で

　　月までの8カ月で262時間である。また，2012年4～11月のコミュニティバス利用者は延べ1,366名である。
(2)　コミュニティバスは，距離に応じた利用券を購入して利用する。利用券は10枚綴りで販売され，行き先に応じて利用券の枚数が決められている。

コラム5 福祉の理想郷を求めて
　　　　　──すずらん台を安住の地へ

すずらん台ライフサポートクラブ会長
大橋　健

地域へのご恩返し

　私の居住しているすずらん台は，昭和50年代にブドウ畑を開発して作られた町で，東西に傾斜した地形をなしその高低は東400m，西260mと言われ実に140mの差があります。現在は総区画数2,300のうち1,500世帯，4,000人が生活しています。

　車を使えない高齢者や障害も持つ人たちにとってはバス停までの移動や地域内の公共施設への移動が大変困難となっています。私自身もすずらん台への持ち家を決めた時点で，家内へ車の免許取得を勧めました。1982年夏に大阪の社宅から移住しましたが5年間住んだだけで転勤になり，再び社宅住まいが始まりました。

　2004年に定年退職しすずらん台に戻ってきました。四季折々の変化が楽しめるこのすずらん台を終の棲家と定めましたので，そのためにはいつまでも安心して住める町，環境の整った町づくりが必要だと考え，翌年の2005年から自治会役員を務め現在に至っています。地域へのご恩返しです。

ライフサポートクラブの立ち上げ

　2007年に町づくり協議会の福祉青少年部会を担当し，敬老会の開催と現在のライフサポートクラブの立ち上げにかかわりました。8月に名張市から「地域コミュニティ交通推進方針」が示され，市内の公共交通機関や地域性を反映した①交通空白地域，②交通不便地域，③その他の地域が指定され，それぞれの地区の取り組みに対して一定の行政支援が行われることになりました。すずらん台は③その他の地区に指定され，地域内の傾斜がきつく移動が困難と認定されたのです。

　9月には「コミバス検討委員会」を立上げて事務局を担当することになりました。メンバーは町づくり役員3名，自治会4名，区長会1名，民生委員1名，地区社協1名，老人クラブ1名の11名で構成。過去に行った住民アンケートの結果やコミュニティバス導入のための積立金等について検証するとともに，導入について具体的な検討を進めました。

　10月になって「名張市地域移動支援活動補助金制度」が設けられ，車の購入費について最高150万円の補助を受けることが出来るようになりました。車については今までの積立金100万円と補助金150万円で購入することにし，ワンボックスカーで7から10人乗りとし，諸経費込みで200万円までの中古車を探しました。

車は購入できても運営費をどう賄うかが大きな課題です。運送業の認可を要しない運送は利用者からガソリン代，駐車料金，高速料しか受け取れない制度になっています。したがって，車の税金や保険料，運転者への謝礼金，事務費，車の更新積立金などを他から調達しなければなりません。

そこで皆で知恵を絞り，地域の総合的な助け合いの会・ライフサポートクラブを設立し，年会費と利用する度に利用料をいただくことにしました。支援内容を問うアンケート結果は送迎や家事，庭樹の剪定，草引き，簡易な家の補修等が上位を占めたのでメニューに取り入れました。利用会員は必要な支援をメニューから選択できるのです。

町づくり協議会からの年間補助金は，毎年積み立てしている25万円と敬老会の飲食費35万円を加えた60万円としました。敬老会の縮小について老人会の了解を取り付けるのに苦労しましたが，最終的には理解していただきました。市からは陳情の結果，先進的事業として年間100万円の活動助成金を受けることができ，2008年4月からライフサポートクラブをスタートさせました。

近づく福祉の理想郷

2013年4月で設立6年目を迎えますが，利用会員170名，活動会員72名を擁し，順調に発展してきました。移動支援は月曜から金曜まで週5日，1日3つのコース（路線バス接続コース，買い物コース，病院コース）を延べ9便運行して，年間2,000人の利用を見込んでいます。当初は，予約が入っていない日には，電話で利用をお願いしていたのがウソのようです。今年8月には車を7人乗りから10人乗りに更新する予定です。家事や庭管理，補修支援も年間100件に達し順調に増加しています。利用者からは運転免許証を返納しても不便を感じない，一人で住んでいられるのもライフのお蔭など喜びの声が聞こえてきます。また，活動会員からはサービスを提供して喜んでいただけるのがうれしいなど，利用・活動会員双方から感謝されています。まさにすずらん台が福祉の理想郷に近づいていると実感できます。

関係団体に支えられて

ライフサポートクラブが順調に活動を展開できているのは，民生委員やまちの保健室，自治会がそれぞれの立場で協力していただいているからです。

民生委員やまちの保健室には，見守り・相談活動を展開される中で，日常生活で困っている方や不便を感じている方にライフサポートクラブを紹介していただいています。今後共に地域の団体と良好な関係を保ちながら，地域福祉の理想郷を目指したいと思っています。

あるまちの保健室との関係についてもみていきたい。

　ライフサポートクラブとまちの保健室は，常に連携を取り合う関係になっているという。ライフサポートでは，活動を通じて「気になる人」がいた場合，まちの保健室にそれを伝えるようにしており，一方，まちの保健室からも「こういうことで困っている人がいるので，ライフサポートで支援できないか」という依頼が入ってくる。活動を通じた気づきの機会は，日々の活動はもちろん，例えば，コミュニティバスの移動中に「こういうことで困っている」という話を運転手が聞き，報告を受け，まちの保健室につなぐこともあるという。ライフサポートクラブ会長の大橋健さんは，コミュニティバスの中が「情報交換の場」になっていると教えてくれた。

　また，ライフサポートのコーディネーターとまちの保健室のワーカーが，利用者宅を一緒に訪問することもある。ライフサポートの側からすると，行政機関でもあり，高齢者となじみの関係になっているまちの保健室のワーカーと一緒に訪問することで，利用者が安心するという面があるからだという。

　以上のように，すずらん台では，地域福祉計画策定時の住民懇談会を契機に，地域課題を住民が受け止め，それを解決するための組織や財源を含めたしくみを地域づくり組織が中心となって話し合いや工夫を重ねながら，主体的に作り出してきた。

　課題を受け止めた住民が自ら考え，活動を作り出していくことができたのは，地域づくり組織やライフサポートを支える力量をもった住民がいたこと，従来から盛んだったボランティア活動の蓄積があったことも大きな要因だろう。また，地域内分権によって地域づくり組織が予算の中で自らこうした取り組みを考えていくことができる素地があったこと，地域福祉計画における住民懇談会という地域課題を共有する場があったことも大きな要因であったと考えられる。

　また，実際の活動の中ではライフサポートクラブのみで地域を支えていく

のではなく，まちの保健室と連携し，相互に役割分担しながら住民の支援が行われており，住民活動が発見したニーズを専門職につなぎ，かつ共に支援を行うという関係が作られているといえる。

2 波及する地域づくり組織の取り組み

すずらん台地区は，地域内分権によって住民自身が地域で必要な活動を考え，知恵を絞ってそれを作り出し，初期総合相談窓口であり地域のネットワークづくりの要でもあるまちの保健室と連携しながら，小地域の「地域包括ケア」の形を作り出している顕著な例である。しかしながら，それ以外の地区でもそれぞれの地域特性に合った様々な取り組みが進められている。具体的には，名張地区，つつじが丘・春日丘地区，百合が丘地区ですずらん台地区と同様に，地域づくり組織が有償サービス部会を設立している。また，別な地区でも2013年度中の立ち上げに向けて準備が進んでいる[3]（表4-1参照）。

例えば，中心市街地から離れた傾斜地に造成された宅地を中心としたつつじが丘・春日丘地区は，2012年度に「有償ボランティア事業管理運営委員会」を「つつじが丘・春日丘自治協議会」（つつじが丘・春日丘地区の地域づくり組織）の中に設置し，「ねこの手事業」（有償サービス），「サロン事業」（公民館内の常設サロン），はーとバス事業（移動支援）を立ち上げた。こうした事業の拠点になっているのは，2012年7月に集会所を市から借り受けて開設された「生活支援センター」である。

「ねこの手事業」は，入会費が500円，家具の移動や模様替え，部屋の掃除，電球などの交換から庭木の剪定といった軽作業，ゴミ出しや買い物同行，買い物サービスなどを1時間500円で行う。また，「はーとバス」は，月曜から

---

(3) なお，名張市では地域づくり組織が生活支援のための部会を立ち上げる場合，立ち上げ費用（ニーズ調査や研修，物品など）として30万円（移動支援を含む場合は100万円）を市からの補助金として受けることができる。

表4-1 各地区の地域づくり組織による生活支援活動

	拠 点	生活支援（名称と実績）	移動支援
名張地区	民 家	隠おたがいさん	なし
		87件（2012年4月1日～12月31日）	
つつじが丘・春日丘地区	旧集会所	ねこの手	あり（はーとバス）
		65件（2012年7月23日～12月31日）	
百合が丘地区	公民館	ユリポパイ	なし
		24件（2012年4月1日～12月31日）	

出所：名張市提供資料より筆者作成。

土曜日，1日6便を2012年10月1日から運行している。財源は，3カ月3,000円の会費と，自治会費を50円値上げして運営されており，すずらん台とは異なる形態である（現在の登録者は50名）。

また，つつじが丘・春日丘地区では，こうした活動のビジョンは，地域ビジョン(4)として「つつじが丘・春日丘地域ビジョン」にまとめられ，住民が計画的に推進している。さらに，ビジョンには「まちの保健室との協働」も掲げられており，「健康づくりの促進」や「認知症サポーターの養成・充実」がうたわれている。実際に，つつじが丘・春日丘自治会の班長以上の人には，認知症サポーター養成講座への出席を促し，住民リーダーが認知症の理解者となることを推進しているという。事業だけでなく，認知症への理解といった福祉教育の必要性や取り組みを，住民自身がビジョンとして策定し，推進していることは特筆される。(5)

---

(4) 名張市地域づくり組織条例の第9条は，「地域づくり組織は，地域ごとの地理的な特性，自然，産業，歴史及び文化等の地域資源を活用し，地域の課題を解決するための理念，基本方針及び地域の将来像をとりまとめた計画（以下「地域ビジョン」という。）の策定に努める」と定めており，これまでに15地区すべてが「地域ビジョン」を策定している。

(5) つつじが丘で地区社協活動を長年行ってきた古川さんは，配食サービスやサロン活動の中で認知症の問題がこれから大きな問題になることを痛感し，「地域ビジョンの策定・推進委員会」の長として，このことをビジョンに盛り込んだと話してくれた。

もちろん，すべての地域づくり組織が有償ボランティアによる生活支援サービスを行うことがゴールではない。地域内分権のねらいは，それぞれの地域が特徴を持った取り組みを推進できるようにしていくことである。名張市の中でも，大阪への通勤者を中心とした大規模な住宅地から，農業などを中心とした地域，両者が混在している地域など様々な特徴がある。それぞれの特徴を踏まえながら，その地域にあった地域包括ケアのしくみ，住民による生活支援のしくみを考え，そうした取り組みをまちの保健室をはじめ，行政や社協が支えていくことが重要だといえるだろう。

3　民生委員の視点からみたまちの保健室

　民生委員は，地域での見守りや様々な支援活動のキーパーソンであるが，しばしばその負担が大きいこと，高齢化していること，そして担い手の不足などが指摘されている。しかし，民生委員と連携することで，専門職は小さな変化にすぐに気づくことが可能になり（早期発見），民生委員も身近なところでバックアップしてくれる専門職がいることで安心して活動に取り組むことが可能になると指摘されている（金井，2011：146, 149）。本節では，地域包括ケアにおける重要な登場人物である民生委員と，身近な相談窓口であるまちの保健室の関係について，名張市の民生委員に対して行った質問紙調査の結果の概要を示し，それをもとに考察する。

（1）民生委員調査の概要
1）調査の概要
① 　調査実施日：2012年2月2日
② 　場　　所：名張市防災センター
③ 　調査対象者：名張市民生委員児童委員協議会連合会全体研修会において配布・回収。

④　回収数：163人（回収数は，研修出席者と同じ。名張市全体の民生委員数は180名）
　⑤　対象者の概要：今回調査に協力していただいた民生委員は，月平均12.35日を民生委員活動に充て，平均して51.1カ月の在任期間，平均年齢は63.7歳であった。また，男性が43人，女性が119人と全国的な平均と比べると女性が多い傾向にあった。

2）分析に用いた変数

　「まちの保健室との連携」については，まず，「まちの保健室を訪れたことの有無」を聞き，「ある」とした回答者にはその頻度を尋ねた（週に1回以上，月に2～3回位，月に1回位，2～5カ月に1回位，半年に1回位，1．～5．以外）。また，実際に連携して支援にあたった事例があるかについて，「まちの保健室と連携して地域住民の支援にあたった事例はありますか（例えば，一人暮らしの高齢者を一緒に訪問するなど）。」に対して「ある，ない」で回答してもらった。連携の内容としては，まちの保健室と民生委員との関係について「1．日頃から情報交換している」「2．困ったことがあったときに相談している」「3．あまり情報交換したり，相談することはない」「4．これまでかかわったことがない」の4つのうちから最も当てはまるものを選択してもらった。

　さらに，「まちの保健室があってよかったと思うこと」について，第3章で明らかにしたまちの保健室の機能を参考に，「身近なところにあるので行きやすい」「気軽に相談にのってもらえる」「困った時に適切な機関につないでもらうことができる」「困りごとのある住民に紹介することができる」「サロン活動など地域活動を手伝ってもらえる」「介護保険など制度と関係なくても相談できる」「専門家が身近にいることで安心して活動に取り組める」の7項目について，それぞれ「全く思わない」から「非常にそう思う」までの5件法で把握した。

　民生委員自身に関することとしては，名張市の居住年数，年齢と性別につ

第4章　住民・地域の視点からみたまちの保健室

(N=152〔非該当6，欠損5〕)

凡例：
- 週に1回以上
- 月に2～3回
- 月に1回くらい
- 2～5カ月に1回くらい
- 半年に1回くらい
- その他

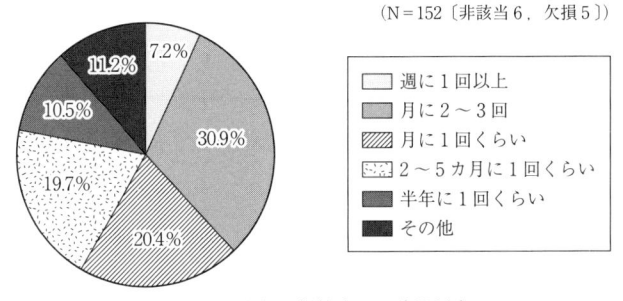

円グラフの数値：7.2%、30.9%、20.4%、19.7%、10.5%、11.2%

図4-3　まちの保健室への訪問頻度
出所：筆者作成。

いて尋ね，活動に「月にどのくらいの時間（日数）を費やしていますか」という月当たりの民生委員としての実働日数と在職期間として「民生委員としての在任期間」を月数で尋ねた。

　最後に，自由回答では，「民生委員の立場からみたまちの保健室の役割やあり方について，ご意見を自由にお書きください」とし，民生委員の立場からみたまちの保健室の役割やあり方について自由な意見を書いてもらった。

（2）まちの保健室との連携

　まず，まちの保健室への訪問の有無と頻度をまとめると，以下の通りである。

　　96.3%（157人）の民生委員が「まちの保健室を訪れたことがある」と回答し，ない人はわずか3.7%（6名）であった。また，まちの保健室への訪問回数は，「月2～3回」が最も多く「週1回以上」「月1回」と合わせると，約6割の民生委員が月に1回以上まちの保健室を訪問していると回答した（図4-3参照）。

　次に，訪問頻度別に民生委員の在任期間の平均（月数）を比較してみると，訪問頻度が「月に2～3回」という人の在任期間の平均が長い（約71月）こと

表4-2 まちの保健室への訪問頻度と在職月数の関係

訪問頻度	度数	在職月数の平均値	標準偏差
週に1回以上	11	52.36	45.00
月に2～3回	47	71.19	59.55
月に1回くらい	31	50.77	47.60
2～5カ月に1回くらい	30	32.93	41.18
半年に1回くらい	16	28.31	25.84
1.～5. 以外	17	49.65	45.96
合計	152	51.20	50.27

($F=3.16$, $p<0.05$)

出所：筆者作成。

($N=154$〔欠損9〕)

円グラフ：
- 日頃から情報交換をしている：40.9%
- 困ったことがあったときに相談している：53.2%
- あまり情報交換したり，相談することはない：3.9%
- これまでかかわったことがない：1.9%

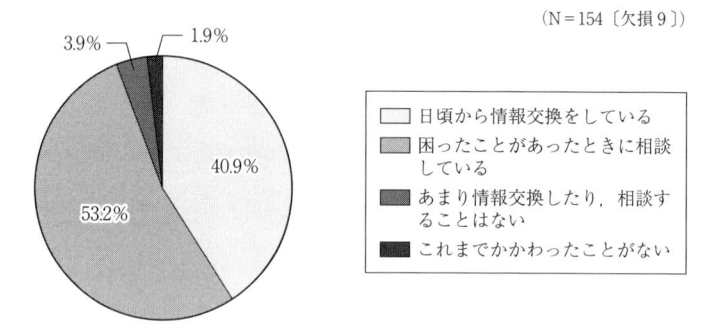

図4-4 まちの保健室と民生委員との関係

出所：筆者作成。

がわかった。

「月2～3回」という人は，「2～5カ月に1回くらい」という人と比べて在任期間の平均が約38月長く，「半年に一度くらい」という人と比べると約43月も長い。必ずしも在職年数が長いからといって訪問頻度が多いわけではなくある程度関係ができ，役割分担ができてくると必要な時だけ訪問すればよくなるのかもしれない。その意味では，「月2～3回」が「ベテラン民生委員」の「ほどよい訪問回数」といえるかもしれない。

また，まちの保健室と民生委員との連携の内容については，「日頃から情報

第4章　住民・地域の視点からみたまちの保健室

表4-3　連携して支援にあたった事例の有無と訪問頻度との関係

まち保と連携して支援にあたった事例が		訪問頻度						合　計
		週に1回以上	月に2～3回	月に1回くらい	2～5カ月に1回くらい	半年に1回くらい	1.～5.以外	
ある	度　数	8	37	21	18	4	10	98
	％	8.2%	37.8%	21.4%	18.4%	4.1%	10.2%	100.0%
ない	度　数	2	9	9	10	11	6	47
	％	4.3%	19.1%	19.1%	21.3%	23.4%	12.8%	100.0%
合　計	度　数	10	46	30	28	15	16	145
	％	6.9%	31.7%	20.7%	19.3%	10.3%	11.0%	100.0%

出所：筆者作成。

交換をしている」「困ったことがあったときに相談している」の合計は94.1％であり，「あまり情報交換したり，相談することはない」「これまでかかわったことがない」とする人はわずか5.8％であった（図4-4）。民生委員とまちの保健室が緊密に連携して地域福祉の推進にあたっていることがわかる。

最後に，まちの保健室と民生委員の実際の地域住民への支援についてみておこう。「まちの保健室と連携して地域住民の支援にあたった事例はありますか（例えば，一人暮らしの高齢者を一緒に訪問するなど）」という質問に対して，「ある」と回答した民生委員は67.8％，約7割の民生委員は，まちの保健室と連携して地域住民の支援にあたった経験を持っていた。

また，連携して支援にあたったことのある民生委員の67.4％が月1回以上はまちの保健室を訪れているのに対して，そうした経験のない民生委員の同じ数字は，42.5％である（表4-3）。民生委員とまちの保健室の職員が協力して活動することについて話し合う場は，他にも様々な場が考えられるので，必ずしもまちの保健室を訪問することが密接な関係の尺度になるとはいえないが，民生委員がまちの保健室に訪れ，気になる住民のことなどを相談し，一緒に訪問したり，見守りをしていくというイメージもつことはできるだろ

う。また，連携して支援にあたった経験と在職年数の関係をみると，ややばらつきは大きいが，経験のある人の方が在職年数が長い傾向にあった（一緒に支援した経験のある人56.3カ月，ない人39.7カ月）。民生委員としての経験を積むにしたがって，こうした機会が出てくる場合が多いともいえるだろう。

（3）民生委員が感じる「まちの保健室があってよかったこと」

「まちの保健室があってよかったこと」については，第3章で明らかにした5つの機能の分析を参考に，「身近なところにあるので行きやすい」（親しみやすい・行きやすい場所），「気軽に相談にのってもらえる」（気軽に報告できる，情報が集まる場），「困ったときに適切な機関につないでもらうことができる」（パイプ役・連携の核），「困りごとのある住民に紹介することができる」（パイプ役・連携の核），「サロン活動などを手伝ってもらえる」（地域と一緒に支援する），「制度と関係なくても相談できる」（制度につながっていなくてもかかわれる）に加え，「専門家が身近にいることで安心して活動に取り組める」（民生委員からみた身近な地域に専門職がいることの意義）を挙げ，それぞれ「全く思わない」から「非常にそう思う」までの5段階で回答してもらった。

いずれの項目についても，約9割の民生委員がまちの保健室の想定される役割に「非常にそう思う」「そう思う」と回答しており，多くの民生委員にまちの保健室の機能が実感・共有されていることがわかった。

特に，「非常にそう思う」とする割合が高かったのは，「サロン活動を手伝ってもらえる」という項目だった。まちの保健室がサロン活動などに積極的に参加していること，また民生委員がそのことを「助かる」と考えていることがわかる（地域と一緒に支援する）。

また，「専門家が身近にいることで安心して活動に取り組める」とする回答も「非常にそう思う」と「そう思う」を合わせると88.9％にのぼり，民生委員が活動に取り組むうえで，身近な専門職の存在が重要な役割を果たしていることがわかった。

第4章 住民・地域の視点からみたまちの保健室

項目	どちらともいえない	そう思う	非常にそう思う
サロン活動などを手伝ってもらえる		42.5	47.1
気軽に相談にのってもらえる		52.5	42.0
困ったときに適切な機関につないでもらうことができる		56.6	39.6
専門家が身近にいることで安心して活動に取り組める		51.9	37.0
困りごとのある住民に紹介することができる		59.4	36.9
制度と関係なくても相談できる		54.7	34.0
身近なところにあるので行きやすい		54.7	34.0

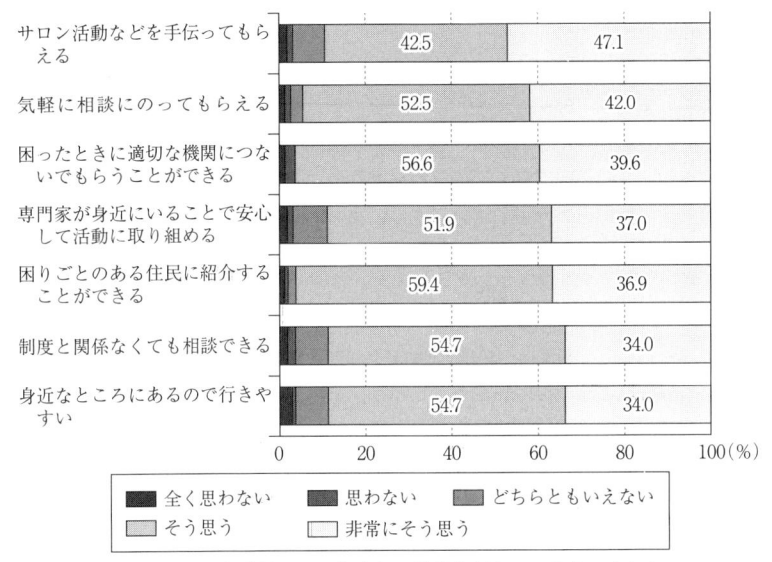

凡例：■全く思わない ■思わない ■どちらともいえない □そう思う □非常にそう思う

図4-5 民生委員からみたまちの保健室があってよかったこと
出所：筆者作成。

（4）実際の民生委員の声

民生委員を対象にした質問紙調査では、まちの保健室と民生委員の関係について大まかに把握した。ここではこうした結果を踏まえ、実際の民生委員の声を名張市民生委員児童委員協議会連合会長の田中耕造氏へのインタビューと質問紙の自由回答の結果から紹介しておこう。

田中さんは、わからないことがあっても、まちの保健室に連絡すれば適切な機関につないでもらえるという安心感ができており、民生委員が以前と比べて活動しやすくなったと話していた。特に、民生委員を一期で交代する人も多いため、就任したばかりの人は不安も多く、そうした人にとっても身近なところで相談にのってくれるまちの保健室の存在は大きなものだという。

―― 民生委員の声（自由回答欄から抜粋）――

- 一緒に訪問や，サロンの応援，いつも助けてもらっています。話しやすく高齢者にも人気です（64歳，女性）
- いつも困ったときにすぐ頼るのがまち保さんです。すぐに動いてもらえるし，助言をしてくれるのでなくてはならない存在です。人柄や性格もよく，嬉しい限りです。私自身の知識や情報が少ないために些細なことでも相談してしまいます。（54歳，女性）
- 老人だけでなくて，子どものことも相談にのっていただき，ありがたいです。（58歳，女性）
- 助けてもらっています。まち保の開設で活動が楽になりました（62歳，女性）
- まちの保健室さんには，日ごろから本当にお世話になっています。どんなことでも相談し，すぐに行動してもらえ，助けていただいています。市役所まで行くことができない高齢者宅を訪問で早期解決，アドバイス。これからもまちの保健室さんには力を入れていただき，また私たちも協力できることは助け合っていきたいと思っています。（70歳，女性）
- 定例会等常に情報提供・情報交換ができ，信頼がお互い築き合え，気軽に活動や相談ができるので安心です（56歳，女性）
- 気がかりなお宅を一緒に訪問後，また訪ねてくれたり，その時の様子などを連絡していただいたりするので，同時に対応ができ，ありがたい。（63歳，女性）
- 地区のサロンに常時来ていただき，健康の話や血圧測定等をしていただき，高齢者との交流を多く持っている（65歳，女性）
- 住民の相談等民生委員が立ち会った時は，まちの保健室に一報を入れている。常に民生委員，まちの保健室は一体行動が必要と思います。（67歳，男性）
- 特に緊急時，地域と密接なつながりのあるまちの保健室であれば，柔軟な対応をしていただけるのでとても心強く思っています（61歳，女性）
- 困ったときにいつでも相談でき，関係機関とのパイプ役になっていただくことはありがたいことです。（62歳，男性）
- 困難な事例等には一緒になって真剣に取り組んでくださるのでありがたく思っています。（59歳，女性）
- 介護認定を取っていない高齢者の対応について，直ちに支援センターにつないでいただき，対応の早さに感謝した。（69歳女性）

「身近な存在」ということについては,「地域包括支援センターや社会福祉協議会は,地区単位で動く人数配置になっていない」ため,嘱託職員であることなど不安はあるものの,公民館の中に窓口を持っていることが相談のしやすさにつながっていると指摘していた。また,民生委員からは,定例会に参加してもらうこと,サロンに協力してもらうことを依頼し,公民館祭りなどにも参加してもらっていることから,日頃からの連携や信頼関係ができているという。

様々な相談をまずはいったん受け付け,それを適切な機関につないでいくことは初期総合相談窓口の重要な役割であり,専門職によるこうした相談窓口が身近な公民館に存在していることで民生委員の活動にも安心感を与えているといえるだろう。「地域包括支援センターや社会福祉協議会は,各地域で動く人数配置になっていない」というのは重要な指摘であり,身近なところですぐに動ける専門職の「パートナー」が民生委員にとって重要な存在であることがわかる。

また,こうした民生委員のまちの保健室に対する信頼は,日頃から定例会やサロン活動に参加し,一緒に活動していく中でつくられていくものであるといえる。

(5) 民生委員とまちの保健室との関係

以上のことから,まちの保健室と民生委員との関係については次のようなことがいえる。

まず,まちの保健室を訪れたことのない民生委員はほとんどいない。また,月に1回以上まちの保健室を訪問する民生委員は約6割にのぼり,ほとんどの民生委員は日頃からもしくは困った時に相談しながら,活動を進めている。

次に,訪問頻度と民生委員在任期間の平均をみると,月に2～3回まちの保健室を訪問するという人の在任期間が特に長い。ベテランの民生委員は,毎週ではないけれど月に1回よりは多い頻度でまちの保健室に足を運んでい

る人が多かった。

　また，民生委員の7割はまちの保健室と連携して地域住民を支援した経験を持つ。そして，こうした経験がある人の約67％は，月に1回以上まちの保健室に訪問していると答えている。一方，連携して支援した経験のない民生委員は比較的在任期間が短い人が多いため，こうした人たちとの関係づくり，連携した支援の実績づくりなどが課題といえる。

　さらに，まちの保健室の機能に基づいた「まちの保健室があってよかったと思うこと」についての民生委員の評価は，「そう思う」「非常にそう思う」の合計が最も低い項目でも88.7％であった。このことから，民生委員もまちの保健室の機能を理解し，またそのことを「あってよかった」と評価していることがわかった。

　こうした結果を踏まえ，民生委員と総合相談窓口との関係について考えてみよう。

　まず，民生委員との関係づくりは，地域包括ケアにおいては非常に重要になってくるが，名張市の場合，こうした関係づくりがうまくいっているといえるだろう。約6割の民生委員が，少なくとも月に1回は相談窓口を訪れている。サロンで顔を合わせたり，民生委員児童委員協議会の会合に参加するといったまちの保健室の側からのアウトリーチを含めれば，まちの保健室のワーカーと民生委員が顔を合わせる機会は実際にはもっと多いだろう。実際に，「まちの保健室があってよかったこと」で「非常にそう思う」とする人が最も多かったのは，「サロン活動などを手伝ってもらえる」であり，そうしたアウトリーチが行われていることもわかる。こうした日頃からの関係づくりが，連携して一緒に支援するという活動に結びついていると考えられる。

　次に，第3章で身近な相談窓口の機能として明らかにした点について，そうした機能を民生委員の側も理解しており，「あってよかった点」として認識していた。このことから，民生委員と連携して支援に取り組むためには，第3章で明らかにしたような，いつでも行きやすい場所で，安心して相談でき

る拠点となること，パイプ役となって適切な機関につないだり，民生委員が抱えているケースを一緒に考えること，サロン活動などにともに参加して地域活動を支援していくこと，そして制度とつながらない人でも長期的に，継続的に支援していく機関であることなどが，民生委員が安心して活動に取り組めるようにしていくために必要な地域の総合相談窓口の機能だといえるだろう。こうした点は，自由回答にも表れており，「活動が楽になった」，「気軽に相談ができるので安心」といった意見がその代表例といえる。

4 まちの保健室と基礎的コミュニティにおける小地域福祉活動

本章では，ここまで小学校区単位の地域づくり組織，民生委員とまちの保健室の関係についてみてきた。次に，名張市でいう「基礎的なコミュニティ」における様々な地域活動とまちの保健室との関係についても考えていきたい。名張市内では，様々な小地域福祉活動が展開されているが，その中でも多くのサロン活動が取り組まれている。前節でもみたように，まちの保健室のワーカーは，サロン活動に定期的に参加して，気になる利用者の見守りを行ったり，参加していない高齢者に参加を促すほか，活動そのものを支援している場合も多い。ここではそのうちの一つとして，つつじが丘・春日丘地区の地区社会福祉協議会[6]が主催する二つの高齢者サロン（つつじ南カレー亭サロン・つつじ北カレー亭サロン）の参加者に対する質問紙調査と主催者へのインタビューから，こうした小地域活動とまちの保健室の関係について検討する。

---

(6) 名張市社会福祉協議会が組織化してきた「地区社会福祉協議会」（地区社協）は，2009年，福祉活動が地域づくり組織の中で一体的に取り組まれるようになったことで解散した。しかし，つつじが丘・春日丘地区では，独自に地区社協会費を徴収しながら，サロンや配食サービス，地域通貨といった様々な活動を展開してきた実績があり，その名称を残し，現在は地域づくり組織の一部会として活動している。

> コラム6　まちの保健室に期待すること

名張市民生委員児童委員協議会連合会長
田中耕造

　名張市では8地区民協，180人の民生委員が活動をしています，また15カ所に公民館（市民センター）があり，それぞれの地区に「地域づくり協議会（委員会）」が組織され地域住民自ら様々な課題解決のための活動を展開しています。
　各組織の活動の中で福祉に関係する部門にはたいてい民生委員が入っており，まちの保健室も公民館（市民センター）ごとに設置されていてお互い連携・協力をしています。
　私たち民生委員の日常の活動は地域と連携をして行う行事やイベント等の活動もありますが，高齢者1人暮しの方への友愛訪問，在宅介護の相談，赤ちゃん訪問，等個別の様々な活動などがあります。
　民生委員のうち約半数は新任委員でベテランの方と一緒に研修を通して知識の向上に努めていますが，昨今の様々な状況の中で相談などの件数は増える一方です。
　名張市では従来の区長制度の改革を経て地域づくり組織への一本化，地区社会福祉協議会の廃止に伴い福祉活動も地域づくりで行う等民生委員もまた組織の一員としての活動を行っています，高齢化が進む中で民生委員やボランティアが中心となり高齢者サロンが各地域で開催されていて，まちの保健室の職員さんも毎回時期に合わせた話や工夫を凝らした催し物で喜ばれています，また，個別の相談等ではまちの保健室の職員さんと相談やアドバイスも受けながら市の担当セクションや市社協へつなげられるようにしています。
　住宅地が多い名張市は団塊の世代が一斉に高齢者世代となり，旧村落部では急速に人口の減少，超高齢化が進行し民生委員の役割も多岐にわたり多忙を極める今日です。
　以上，様々な私達の活動を述べましたが，改めてまちの保健室の存在が身近で大きいことにびっくりしています。今後も地域と行政担当部室，市社協との細やかな連携窓口，地域住民の身近な福祉総合相談窓口として一層の活躍を期待いたします。

第4章　住民・地域の視点からみたまちの保健室

（1）サロン参加者調査の概要

調査は，2012年1月と2月のサロン実施日に，つつじ南カレー亭サロン，つつじ北カレー亭サロン各サロン参加者に対して，調査員が参加者に対して直接聞き取る個別面接調査によって実施した（回収数75）。インタビューは，1月のサロン開催日のサロン終了後，地区社協の代表者である古川高志氏，民生委員でサロンのボランティアでもある藤原繁子氏に対し，約1時間行った。調査の概要は以下の通りである。

1）調査の概要

① 調査実施日：2012年1月及び2月のサロン実施日
② 場所：つつじが丘南集会所・つつじが丘北集会所
③ 調査対象者：サロン参加者に対して調査員（筆者，地域包括支援センター職員，大学院生）が聞き取り（面接法）にて実施。
④ 回収数：75人
⑤ 対象者の概要：調査に協力していただいたサロンの参加者は，男性が25.3%（19人），女性が74.7%（56人）であった。サロンへの参加は，平均5.57回であり，今回が初めて参加という人も13人（17.3%）いた。5回以上の「常連」の参加者は，33人（44%）だった。つつじが丘・春日丘の居住年数は，最低5年から36年までの幅があり，平均すると24.25年であった。参加者の年齢層は，50代から80代まで幅広かったが，70代が最も多く41.3%を占めていた。また，サロン以外の地域活動（公民館などのサークル）にも参加している人は，61.6%と参加していない人よりも多かった。

2）分析に用いた変数

本書で分析に用いた変数は，参加回数とサロンに参加することで主催者側（地区社協，民生委員，まちの保健室）との関係がどのように変化したかという2

項目である。参加回数については，サロンに参加した回数を実数で聞いた。

　サロン参加者が主催者側（地区社協，民生委員，まちの保健室）との関係をどのように認識しているかは，「主催者側との関係について，このサロンに参加する前と後で何か変わったことや気づいたことがれば聞かせてください」として，①まちの保健室から情報提供をもらえる場となった，②地域づくり組織（地区社協）の関係者を知る機会となった，③地域づくり組織（地区社協）の関係者に相談ができる機会となった，④民生委員を知る機会となった，⑤民生委員に相談ができる機会となった，⑥まちの保健室を知る機会となった，⑦まちの保健室に相談ができる機会となった，⑧特にない，の中から複数回答で選択してもらった。

（2）つつじ南カレー亭サロン・つつじ北カレー亭サロンの概要

　今回調査を行ったつつじが丘・春日丘地区の2つのサロンは，つつじが丘・春日丘地区の北側の集会所（北カレー亭サロン）と南側の集会所（南カレー亭サロン）を使って地区社会福祉協議会とボランティアが中心となってそれぞれ隔月1回開催されている。つつじが丘・春日丘地区は，これまでも地区社会福祉協議会活動が活発な地域で，他にも週1回の配食サービスなどが取り組まれている。地区社協では，2003年からサロン活動に取り組んできたが，2009年に北集会所が新しく改築されるのを機に，ボランティアで民生委員でもある藤原さんが加わり，現在のカレーを一緒に楽しむカレー亭サロンとして新たに再出発した。南集会所も，第2章で述べた「ゆめづくり広場」としての助成を受け，集会所の設備を改修し，2010年から南カレー亭サロンとして再出発している。

　サロンの名称にもなっているカレーをみんなで楽しむというサロンは珍しいが，これは一人暮らしの高齢者は自分一人分のカレーというのをあまり作らないため喜ばれること，そしてカレーであればたくさんの方が来ることになっても量を調整できるというアイディアからカレーになったという。サロ

ンには，自分のお皿，スプーンを持参することになっており，参加費は100円である。

（3）サロンは住民による重層的な見守りの一部

　行政や専門職がサロンづくりを支援する場合，しばしばサロンを作ることばかりに気をとられ，こうした場がどのような意味を持っているか，また，どのような機能を発揮しているのかについては考えられていないことが多いように思う。しかし，つつじが丘・春日丘地区では，サロンをはじめ様々な取り組みを通じて住民自身がそれぞれの活動を有機的に位置づけながら意図的な見守り活動が展開されていた。

　主催者の一人である古川さんは，「高齢者を含めて色々な方に家を出てもらって，その人の見守りをするという目的」でサロンが必要だと考えているが，サロンだけで見守りが行われているわけではないという。地区社協は，ボランティアによる配食サービスも実施しており，こちらは週に1回配食を行っている。配食は，サロン同様民生委員と連携して行われており，配食の対象者は民生委員からの依頼に基づいて決められている。つまり，民生委員による月1回の定期訪問だけでは心配な人が配食の対象となっているのである。また，例えば配食で立ち寄った際に不在であったり，気になる状況があった場合には必ず民生委員に連絡し，民生委員が状況を確認することになっている。配食のボランティアも実際に行っている古川さんは，グループの立ち上げから3件，緊急事態を発見することがあったという。このように，民生委員による定期訪問，地区社協による配食，隔月のサロンが重層的に補い合いながら見守り活動が展開されているのである。

（4）まちの保健室との連携

　上記の通り，つつじが丘・春日丘地区では地区社協活動と民生委員活動が連携して住民による見守りを展開してきたが，まちの保健室はそこにどのよ

─── サロンは友人同士の「おしゃべりの機会」・支援者との出会いの場 ───

調査の中で「サロンに参加する前と後で変わったこと」を尋ねたところ,「参加する楽しみができた」という人が最も多く,次いで「友人同士で集まる場ができた」という人が多かった。一方で,「サロンをきっかけに友人・知人ができた」とする人の割合はそれほど多くないことがわかる（図参照）。小地域でのサロンは,高齢者に新たなつながりをもたらすというよりは,友人同士で集まったりする場であり,その場でのおしゃべりを楽しみにしている人が多いことがわかる。

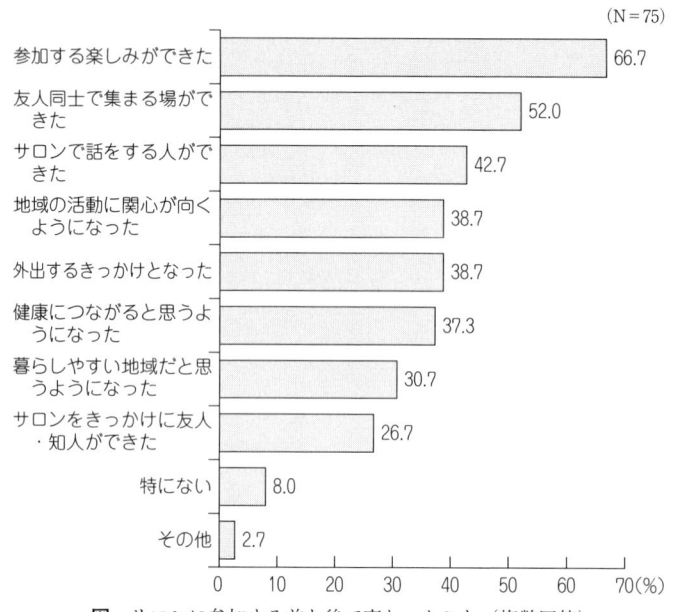

(N＝75)

項目	％
参加する楽しみができた	66.7
友人同士で集まる場ができた	52.0
サロンで話をする人ができた	42.7
地域の活動に関心が向くようになった	38.7
外出するきっかけとなった	38.7
健康につながると思うようになった	37.3
暮らしやすい地域だと思うようになった	30.7
サロンをきっかけに友人・知人ができた	26.7
特にない	8.0
その他	2.7

図　サロンに参加する前と後で変わったこと（複数回答）
出所：筆者作成。

古川さんもインタビューの中で,「日頃会いたいけど会えない人と,ここで待ち合わせをしてお話して帰ってもらう。そういう機会として利用してもらっています」と話していた。

サロンというと,活動を支援する専門職は,どうしても数を増やすこと,作ることを目的にしがちで,できた後にどういう機能を果たしているかということにあまり関心を向けていないように思う。ただ作ればいいというものではなくどういう機能を持った場を増やしていけばよいか考え,活動を促したり,支援してい

第4章　住民・地域の視点からみたまちの保健室

> くことが必要だろう。
> 　つつじが丘・春日丘のサロンは，元気な高齢者の人達が，友人同士，そして自分たちを見守ってくる地域の人や専門職と「出会う場」としてその役割を果たしており，身近な相談窓口であるまちの保健室の職員がそこに参加する意義もそのことにあると考えられる。

うに関わっているのだろうか。

　古川さんによれば，まちの保健室ができた当初は，「何をやるところかわからなかった」が，まちの保健室のワーカーが毎回サロンで受付を手伝い，健康や消費者被害についての啓発を行ったり，実際に支援につないだりしていく中で，次第に信頼関係ができ，今では常に連携する存在となっているという。

　特に，住民同士の見守りの中で，民生委員だけに頼れない見守りや支援において，まちの保健室は頼りになる存在になっているという。また，サロンの参加者も心配ごとなどを聞いてもらうことで，「きちんと見てもらえている」という安心感を得ているのではないかということであった。配食サービスと同様，サロンにも多くの民生委員が参加しており，民生委員によっては気になる人などに声かけし，サロンへの参加を促している。サロンでは，相談ごとがあれば「まちの保健室がいるから聞いてみて」といってまちの保健室のワーカーにつないだり，気になる人には食事中にまちの保健室のワーカーが声をかけたりしている。

　このように，住民同士の重層的な見守りにまちの保健室という専門職が加わることで，民生委員や地区社協のボランティアは，自分達では対応することが難しい場合に抱え込む必要がなくなり，必要な機関に迅速につないでいくことができるようになっているといえる。[7]

---

(7)　なお，すでに紹介したように（第2節），つつじが丘・春日丘地区ではこうした地区社協の活動に加え，新たに地域づくり組織の活動として，2012年から生活支援，移動支援，常設のサロン活動を開始している。こうした活動が連携していくことによって，

(N=75)

- まちの保健室から情報をもらえる場となった　50.7
- まちの保健室を知る機会となった　32.0
- 民生委員を知る機会となった　30.7
- 地域づくり組織(地区社協)の関係者を知る機会になった　26.7
- 民生委員に相談ができる機会となった　17.3
- まちの保健室に相談ができる機会となった　14.7
- 地域づくり組織(地区社協)の関係者に相談ができる機会となった　12.0

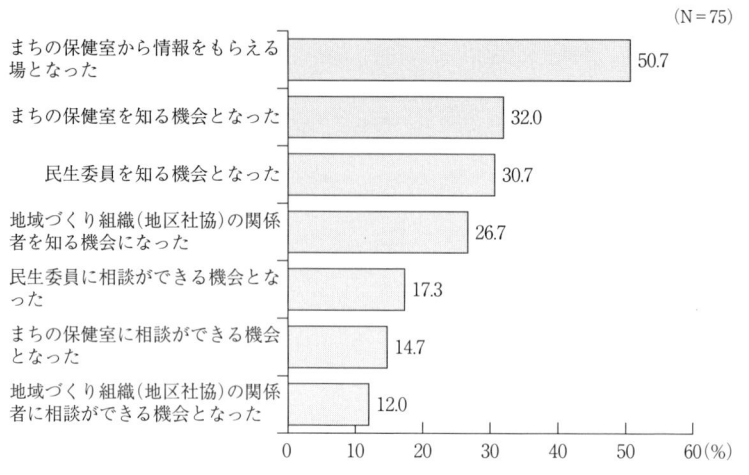

図4-6　主催者側との関係で参加する前と後で変化したこと（複数回答）
注：複数回答のため100％にはならない。回答数の合計は159。
出所：筆者作成。

　一方，まちの保健室でも，今は元気であっても，困ったことがあった時に「顔見知り」であればすぐに相談してもらうことができるため，サロンを「元気な人とも顔見知りになる場」としてとらえており，また，「友達が困っているから聞いてあげてほしい」という形で情報が入る場にもなっているという。

　ここで，サロンに参加している高齢者はサロン主催者やまちの保健室との関係をどのように考えているか，調査のデータからみておきたい。サロン参加者に対する調査では，「主催者との関係で変化したこと」について聞いている。結果をみると，サロンに参加するようになって「まちの保健室から情報をもらえる場となった」ことを50.7％の人が主催者側との関係の変化として挙げており，次いで32％の人が「まちの保健室を知る機会となった」ことを挙げている。さらに，「民生委員を知る機会となった」「関係者を知る機会となった」が続く。このように，参加者は「相談ができる機会」というよりも

　　　さらに重層的な支援，見守りのしくみを構築していくことが可能になると思われる。

情報提供，そして自分たちを見守ってくれる人たちを「知る機会となった」ことを関係の変化として挙げる人が多かった（図4-6）。少なくとも本調査におけるサロン参加者は，現在は元気であっても，こうした地域のキーパーソンと知り合う場としてサロンをとらえていることがわかる。

（5）参加回数と主催者側との関係変化の認識――「相談」より「知る機会」

つつじが丘・春日丘地区のサロン参加者は，まだまだ元気な人が多く，支援者を「知る機会」になっていることを支援者との関係変化として認識していることを確認した。しかし，サロンに初めて参加した人や参加回数の浅い人は，こうした変化を実感していないだろうから，参加者を参加回数の多い人と少ない人に分けて比較してみるとこのことがよりはっきりみえてくるかもしれない。そこで，サロンの参加者を参加回数5回以上と5回未満の2つのグループに分け，それぞれで主催者側との関係の変化に違いがみられるかを検討したものが表4-4〜7である。

まず，参加回数の多いグループでは，「主催者との関係の変化」について，「まちの保健室から情報をもらえる場となった」「まちの保健室を知る機会となった」「民生委員を知る機会となった」「地域づくり組織（地区社協）の関係者を知る機会となった」を挙げている人の割合が参加回数の少ないグループよりも高かった。5回以上参加している人は，「まちの保健室から情報をもらえる場となった」と回答している人が72.7%であり，「まちの保健室を知る機会となった」とする人も5回未満の人と比べると割合が高いことがわかる（表4-4〜5）。同様に，「民生委員を知る機会となった」「地域づくり組織（地区社協）の関係者を知る機会となった」と回答している人も参加が5回以上の人は5回未満の人と比べると高い割合であることがわかる（表4-6〜7）。

このように，サロン活動は，参加者の認識からみても，まちの保健室，民生委員，地域づくり組織といった地域の関係者を「知る」機会となっており，参加を重ねた人ほどそう認識する割合が高いことがわかる。

表4-4　「まちの保健室から情報をもらえる場となった」をサロンに参加する前と後で変わったこと，気づいたこととして挙げた人（参加回数別）

		まちの保健室から情報をもらえる場となった		合　計
		当てはまらない	当てはまる	
5回未満	度　数	28	14	42
	％	66.7%	33.3%	100.0%
5回以上	度　数	9	24	33
	％	27.3%	72.7%	100.0%
合　計	度　数	37	38	75
	％	49.3%	50.7%	100.0%

（$\chi^2=11.47$，$p<0.01$）

注：「主催者側との関係について，このサロンに参加する前と後で何か変わったことや気づいたことがあれば聞かせてください」という問いに対して，「まちの保健室からの情報をもらえる場になった」を挙げた人の数。表4-5～7も同様。
出所：筆者作成。

表4-5　「まちの保健室を知る機会となった」をサロンに参加する前と後で変わったこと，気づいたこととして挙げた人（参加回数別）

		まちの保健室を知る機会となった		合　計
		当てはまらない	当てはまる	
5回未満	度　数	33	9	42
	％	78.6%	21.4%	100.0%
5回以上	度　数	18	15	33
	％	54.5%	45.5%	100.0%
合　計	度　数	51	24	75
	％	68.0%	32.0%	100.0%

（$\chi^2=4.90$，$p<0.05$）

出所：筆者作成。

表4-6　「民生委員を知る機会になった」をサロンに参加する前と後で変わったこと，気づいたこととして挙げた人（参加回数別）

		民生委員を知る機会となった		合　計
		当てはまらない	当てはまる	
5回未満	度　数	36	6	42
	％	85.7%	14.3%	100.0%
5回以上	度　数	16	17	33
	％	48.5%	51.5%	100.0%
合　計	度　数	52	23	75
	％	69.3%	30.7%	100.0%

（$\chi^2=12.05$，$p<0.01$）

出所：筆者作成。

第4章 住民・地域の視点からみたまちの保健室

表4-7 「地域づくり組織（地区社協の関係者）を知る機会になった」をサロンに参加する前と後で変わったこと，気づいたこととして挙げた人（参加回数別）

		地域づくり組織（地区社協）の関係者を知る機会となった		合　計
		当てはまらない	当てはまる	
5回未満	度　数	35	7	42
	％	83.3%	16.7%	100.0%
5回以上	度　数	20	13	33
	％	60.6%	39.4%	100.0%
合　計	度　数	55	20	75
	％	73.3%	12.0%	100.0%

($\chi^2=4.88$, $p<0.05$)

出所：筆者作成。

サロンに参加しているのは比較的元気な人たちが多い。今は特に困っているわけではないとしても，サロンに参加することで，地域の関係者や関係機関を知り，何かあった時にどこに相談すればよいかわかるようになることは極めて重要なことである。すでにみたように，まちの保健室のワーカーもこのような視点で参加者との関係をとらえているが，参加者自身も自分たちが困った時に支援してくれる人のことを知る機会としてとらえている人が多いことが，調査を通じて明らかになった。

（6）小地域福祉活動とまちの保健室との関係

本節では，つつじが丘・春日丘地区でのサロン活動の支援者及び参加者に対する調査を事例として，小地域福祉活動と総合相談窓口の関係を考えてきた。ここでは，つながりという視点から調査の結果を考察し，総合相談窓口やワーカーの役割を考えてみたい。

まず，図4-7に示したように，サロン活動によって形成される「つながり」には，以下の3つの「つながり」が考えられる。

①　主催者（支援者）と参加者のつながり
②　参加者同士のつながり

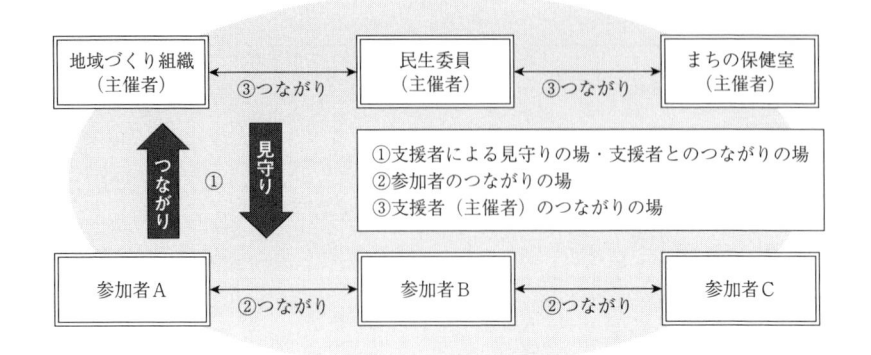

```
┌─────────────┐  ③つながり  ┌─────────────┐  ③つながり  ┌─────────────┐
│ 地域づくり組織 │ ←────────→ │   民生委員   │ ←────────→ │ まちの保健室 │
│  （主催者）  │            │  （主催者）  │            │  （主催者）  │
└─────────────┘            └─────────────┘            └─────────────┘
      ↑        ┌──┐  ①支援者による見守りの場・支援者とのつながりの場
   つながり    │見 │  ②参加者のつながりの場
      ①       │守 │  ③支援者（主催者）のつながりの場
      ↓       │り │
┌─────────────┐  ②つながり  ┌─────────────┐  ②つながり  ┌─────────────┐
│   参加者A   │ ←────────→ │   参加者B   │ ←────────→ │   参加者C   │
└─────────────┘            └─────────────┘            └─────────────┘
```

図4-7　サロンによるつながりのイメージ

出所：筆者作成。

③　主催者側（支援者側）のつながり

　まず,「主催者と参加者のつながり」についてみると，サロン活動は，専門職にとってはニーズをキャッチする場であると同時に，今は元気な人にも，身近な相談窓口の存在を知ってもらうための「出会いの場」となっていることがわかった。専門職はもちろん，参加者も参加することで情報を得たり，支援者の存在を知ることを変化として認識していた。また，参加回数の多い人の方が支援者を知ることを，サロンに参加して変化したこととして認識している割合が高かった。当然ではあるが，何度か参加しているうちに，まちの保健室が検診の案内をしたり，健康体操を披露するのをみながら，職員とも顔見知りになったり，自分のことや友人のことを相談したり，自分の住んでいる地区を担当している民生委員と雑談する機会があることは容易に想像がつく。専門職の視点からいえば，こうした場で「顔を売る」「顔をつなぐ」ことによって，何か困った時にはすぐに相談してもらえるような関係を作ることができる。もちろん，気になる変化があれば，民生委員から連絡が入るようにもなる。また，参加者が自分の友人で困っている人に,「あそこに相談

第4章　住民・地域の視点からみたまちの保健室

まちの保健室と子育てサロンの支援

　まちの保健室は，地域包括支援センターのブランチとしての位置づけではあるものの，そもそもの位置づけは初期総合相談窓口であり，高齢者の支援だけに限定して相談を受けているわけではない。例えば，地域のボランティアや民生委員，主任児童委員などが主催する子育てサロンにも高齢者サロン同様，まちの保健室が一緒に参加し，気になることがあれば関係機関につなぐといった役割を果たしている。

　本書では取り上げていないが，2011年度には子育てサロンの参加者に対しても調査を行い，まちの保健室がどのように子育てサロンを支援していけばよいかについても検討した。その結果を簡単に紹介しよう。

　まず，サロンに参加する子育て中の親は，同じ子育て中の友人・知人と出会う場を求めており，また，行政の設定する地区にこだわらずこうした場を活用している人が多いこと，次に，参加するきっかけは，直接的な「声かけ」が効果的であること，友人・知人に誘われて参加できる人はよいが，そうでない人の場合，民生委員や専門職からこうした場の存在を知らせ，参加を促していくことが重要であること，そして，参加者にとってサロンは，同じ子育て中の友人・知人と出会い，知り合いになったり，友人になったりすることに重きがおかれていることがわかった。参加回数が多いグループは，サロンを通じた友人・知人も多かった。もちろん，友人・知人が多い人がサロンに参加しているとも解釈できるが，長く参加することで友人・知人が増えていく，と解釈するのが妥当であろう。

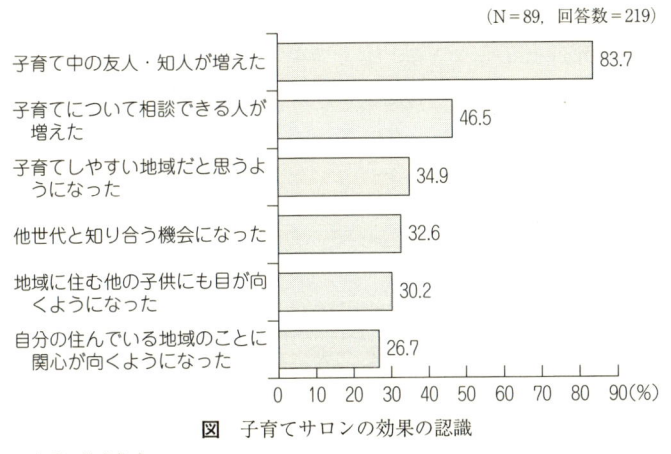

（N＝89，回答数＝219）

項目	％
子育て中の友人・知人が増えた	83.7
子育てについて相談できる人が増えた	46.5
子育てしやすい地域だと思うようになった	34.9
他世代と知り合う機会になった	32.6
地域に住む他の子供にも目が向くようになった	30.2
自分の住んでいる地域のことに関心が向くようになった	26.7

図　子育てサロンの効果の認識

出所：筆者作成。

> 　高齢者サロンはどちらかといえば「すでに顔見知りの参加者同士が，楽しく過ごす場であり，自分たちを見守ってくれる人と顔見知りになる」場であるのに対し，子育てサロンは，「新たな友人や知人と出会う場」であるという違いがあるということも分かった。

するといいわよ」と声をかけてくれるかもしれない。

　一方，サロンの参加者は，「②参加者同士のつながり」については，あまり効果として認識していなかった。このことは，サロンが新たな友人や知人を得る場というよりは，顔見知り同士が食事をしたり，会話を楽しむ場となっていることを意味している。

　また，つつじが丘・春日丘地区では，サロン活動は，それだけで意味を持っているというよりは，すでに説明したように住民による配食サービス，民生委員，専門職（まちの保健室）の連携の中で機能していた。つつじが丘・春日丘を担当するワーカーも，サロンや配食サービスで活動するボランティアの人達から地域の情報を教えてもらい，成長していくことができたと話していた。サロン活動に限らず，支援者同士のつながりや連携（図4－7における③のつながり）が地域の中で形成されていることで，今は元気な参加者たちも安心して暮らしていくことが可能になる。こうした関係を作っていくために，専門職は小地域福祉活動を支援し，その中で専門職としての役割を伝え，住民からも学びながらともに成長するという視点が重要だといえるだろう。

第4章　住民・地域の視点からみたまちの保健室

> コラム7　**つつじが丘・春日丘自治協議会と
> まちの保健室による地域とのかかわり**

つつじが丘・春日丘地区社会福祉協議会長
古川高志

　地域福祉という言葉が最近の福祉に関する言葉として住民に浸透しはじめています。これも名張市が進めている総合計画「理想郷プラン」の一つとして進めてきた，地域組織の一元化と「まちの保健室」設置により，福祉サービスの内容の充実ぶりが住民に理解されてきたことによるものでしょう。

　その中で私たちからみると，名張市社会福祉協議会と名張市健康福祉部との福祉政策の方向性が見えづらいということがありました。これまで，私たち地区社協は市社協の指導の下の福祉活動を行ってきました。そこにまちの保健室が地元に開設されることになり，市の福祉政策が明確になってきました。私たちの地域には二つの新興団地（合計人口1万2,000人）があります。一つはできてから35年以上経ち，また，当初から住み続けている住民が大半を占めているため高齢化が大きな問題となっている団地です。もう一つは，できてから10年程度しか経っておらず入居率も現時点で約30％のため，現在そして今後も，若い人が比較的多く住む，子育てに関する支援が特に必要になると考えられる団地です。

　まちの保健室が町の中心に位置する公民館内にあり，住民の方の利用の高い公民館でもあるので多数の方の出入りがあり，気軽にまちの保健室を訪問出来る（地元の福祉に関わる方が気軽に訪問出来る）というメリットがあります。私たちも地域の問題点の一つである高齢化・健康の取り組みを始めました。まず，高齢化の問題として，認知症，一人暮らしの方に対する見守りの問題に取り組みました。70歳以上の方が2012年度は約1,700人，10年後4,500人であることを考えると認知症問題に取り組まなければと考え，サポーターの養成に取り組んでまいりました。今後毎年100人以上の新規サポーターの養成を計画しています。

　また，一人暮らしの方も2012年度は70歳以上の方160人と毎年約10人以上増えています。この方たちの見守り（地区社協・民生委員・配食サービス）・要援護者登録（自治会・民生委員）を進めています。

　健康については，癌の早期発見と予防について市の協力により2011年度より癌検診を実施，予防の講演会も地元で実施し今後毎年実施していきます。また，健康維持に役立つ「笑顔で健康教室」の実施，今後は特定健診受診率向上にも取り組んでいく予定です。また，最近増えてきた振り込み詐欺の問題・各種お知らせなどの手段として，地

「笑顔で健康教室」の様子

　区社協で毎月取り組んでいるサロンを活用しています。サロンには，高齢者の方が毎月約70人参加しています。ここで，まちの保健室には健康に関する話や振り込め詐欺の話，市の福祉に関する広報及び参加者の方への各種問題の相談などを実施してもらっています。

　また，坂道の多い団地ですので，高齢者・障害者対策として自治会で団地内を循環する福祉バスを週6日一日6便運行し，簡単な軽作業を行う有償ボランティア組織も立ち上げました。公民館内では「毎日サロン」としてのコーヒーのみのサロンの運営も行っています。こうした活動をつつじが丘・春日丘地区社会福祉協議会の毎月発行全世帯配布の広報「ゆーとぴあ」に掲載し，自治会広報（2カ月に1回）にも掲載しています。また，必要な事項は自治会の協力により案内文書の全戸配布・回覧等でお知らせしています。

　こうしたことは，すべて地域内の団体がお互いに問題を共有して，協力しているためにできていることです。今後の課題としては，まちの保健室と民生委員と地域での情報共有の問題・支援活動の役割分担について（民生委員なのか，まちの保健室なのか）の問題などがあります。

| 第5章 | 見守りケースからみた まちの保健室 |

本章の内容

> 第5章では、まちの保健室の見守りケースのケース記録を分析する。ケース記録は多くの場合、振り返りもなくたまっていく一方になることが多いのではないだろうか。本章では、こうしたケース記録を分析することを通じて「まちの保健室による見守り」の現状と課題を分析し、フォーマルな関係（例えば契約）が存在しない、制度につながる前の見守りの体制構築や、専門職のあり方について考える。
>
> 第二次地域福祉計画では、まちの保健室はサービスのコーディネートと専門職としての見守り機能を期待されているが、何が見守りなのか、それぞれのまちの保健室ではどのような視点から見守りを行っているのか、専門職による見守りはどのような視点に基づいて何を行えばよいのか、地域住民による見守りとの違いは何か、など、実はあいまいな点も多く、それらを明確にすることが実践課題として認識されていた。
>
> 以上のような点を明らかにするために、まちの保健室が行っている見守りケースをすべて分析し、まちの保健室による見守り活動の方向を明らかにすることが本章の目的である。

1　見守りに関する先行研究のまとめ——理論的検討

（1）見守りとは何か

近年、見守りの重要性がさかんに指摘されるようになってきているにもかかわらず、この用語は非常にあいまいであり、見守りが何を意味するかについての整理はあまり行われているとはいえない（小林，2011：301）。そこで、

はじめにこれまでの先行研究を検討して，見守りとは具体的にはどのような行為，支援を指しているのかを明確にしておきたい。

　小林は，見守りが一般的に「注意深くその様子をみること」であるとしたうえで，虚弱な人々が見守りの対象となる場合には，「見守る側に特別な関心や懸念が存在しており，見守られる側（対象者）に何らかの好ましくない状態の変化が起きていると認識した場合には，何らかの支援を行ったり，必要な場合には専門機関に通報して適切な対応を求めること」が含まれると指摘している。そして，見守りには，①虚弱な人々が「緊急事態」，あるいは，それに近い事態にあるのではないかと考えた場合の「安否確認」と，②虚弱な人々に対する日常生活状態の確認，すなわち，健康状態や心身状態，あるいは生活行動がどのようになっているかについての「状況確認」という意味で用いられる二つのタイプがあると指摘している。

　見守りという語のあいまいさについては，谷川も「見守り」がいくつかの用語の代名詞として用いられており，詳細に検討すれば①観察，②アセスメント，③評価，④関係性の視点という要素が含まれていると指摘している（谷川，2009：266）。

　ここで，「観察」とは，その人の様子などをみて，本人の状況を確認していくことといったような意味で用いられている。例えば，郵便受けに新聞や郵便がたまっていないか観察する，訪問した際に部屋の中がきちんと整頓されているか，ちゃんと食事ができているか観察する，といったことになるだろうか。

　次に，「アセスメント」とは，「クライエントの問題解決に最適の方法を見つけ出すために，クライエントと問題を取り巻く状況を『多面的・統合的に』に評価すること」（渡部，2002：134）とすれば，この場合，「見守られる人」のもつ課題，関連する家族や地域の社会資源などとの関係，クライエント自身の意欲や能力などを「多面的・統合的に」判断することである。その意味では，アセスメントの視点は，専門職の視点ということができるだろう。本人

の生活歴や身体・心理状況,生活環境などを総合的に把握していなければアセスメントはできないからである。エコマップを書くことは,見守り体制をアセスメントする際の一つのツールであるといえる(一般的に地域住民はエコマップを書いて見守りをしたりはしない)。

一方,谷川のいう「評価」はやや曖昧であるように思われる。谷川は,評価について「できること,できないこと,変化点」としているが,利用者のできること,できないことの把握はアセスメントの内容でもあるため,ここでは利用者の変化を一定の期間ごとにモニタリングしていくような視点として理解しておくことにする。

最後に,関係性について,谷川は(相手を)「知っている」という感覚を持った時に見守り関係が変化していくと説明している。「どのような視点で見守るか」という上記の3点とは,やや次元が違う視点であるが,見守る側と見守られる側の関係性が,見守り関係に影響を及ぼすという指摘は重要である。

このようにみると,大まかに見守りとは,それを行うのが誰であろうと,以下のように整理できる。

> 「なんらかの関心や懸念に基づいて,対象者の様子を注意深く見ることであり,緊急時の安否確認と平時の状況確認」から構成されており,さらに「注意深く見る」ことの中身は,①観察,②アセスメント,③評価といった内容から構成されていること,そして,見守りの内容には,見守る側と見守られる側の「関係性」を考慮に入れる必要がある。

一方,住民や民生委員によって実施されている見守りについて,国の安心生活創造事業成果報告書は,①「早期発見」(安否確認,変化の察知),②「早期対処」,③犯罪被害等を予防する「危機管理」,④生活に必要な情報提供や助言を提供する「情報支援」,⑤孤独感を軽減したり安心感を与える「不安解消」の5つの要素があるとしている(安心生活創造事業推進検討会,2012)。これら

は，見守りによって「何を見ているか」というよりは，見守りの結果，「何をしたのか，しているのか」というどちらかといえば，その「結果」とか「機能」を指摘しているといえる（例えば，注意深く「観察」することによって，昼間に出入りしている悪徳業者を特定でき，専門機関に連絡することで「犯罪被害を予防」できる。この例では，犯罪を予防していたのではなく，注意深く観察していることで犯罪を予防できた，ということを意味している）。

　以上をまとめると，見守りを図5-1のように整理できると思われる。

　まず，見守りとは「特別な関心・懸念」に基づいて開始される。「一人暮らしで最近弱ってきた」「急に痩せた」「ご主人が亡くなってから元気がない」とか「最近ゴミ出しがきちんとできていない」といったことは，この特別な「関心・懸念」であるといえる。

　次に，「何を見守っているのか」についてみると，見守りは，実際にその人が変わりなく暮らせているかという「状況確認」と，何か異常があるのではないかと察知した場合の「安否確認」から構成されているといえる。前者は，「今日も散歩をしていた」とか「洗濯物が干してあった」といったことであり，後者は「新聞がたまっている」とか「何日間か戸が閉まったままである」といったことである。また，どちらの場合でも，その際の視点は大まかに，①観察，②アセスメント，③評価があると考えられる。

　一方，誰が，どのように，こうした経過を「見守っているか」にも注目する必要があるだろう。専門職，民生委員や地域住民，配食サービスのボランティアやサロンのボランティアなどが，なんらかの「懸念や関心」を持って見守っていることが考えられる。また，それぞれがバラバラに見守っている場合もあれば（線の見守り），地域ケア会議などで情報を共有し役割分担をしながら見守っている場合もあるだろう（面の見守り）。さらに，その際には，見守る側と見守られる側の関係性が影響する。その結果，早期に発見したり，対応すること，危機を回避すること，必要に応じて適切なタイミングで情報を提供することが可能になる。もちろん，こうした結果を意識して「何を，

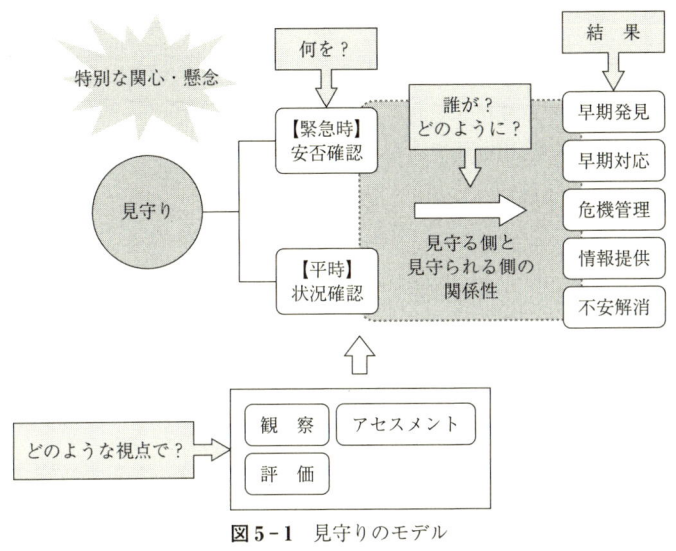

第5章　見守りケースからみたまちの保健室

図5-1　見守りのモデル

出所：筆者作成。

どのような視点で，誰が，どのように」見守っているかが，見守り体制を構築していく上では重要になると考えられる。

（2）専門職による見守りの役割

比較的曖昧に使われている見守りの意味を明確にしたところで，次に，「誰が，どのような視点で見守りを行うのか」という点についてもう少し掘り下げて検討してみたい。特に，専門職と地域住民の役割がそれぞれどのようなものであるのかについては，明確にしておく必要があるだろう。

この点について，角田（2009）は，地域の人と専門職による見守りの違いは，地域の人たちが，元気ですごしているのか，変わらない生活を送れているのかという「生活者の視点」（専門職が見落としてしまう生活の中の細やかな出来事）で見守りを行っている一方，専門職は，身体機能が低下していないか，それにより起こる生活の不具合や認知機能の低下から起こる火の不始末が増えて

135

いないか、といった視点で見守っている点にあると指摘している（角田、2009：163）。つまり、専門職は、「何か問題が起きていないか」という問題探しの視点で見守りを行っており、それに対して地域は「気づかい」の視点で見守りをしているということである。角田は、こうした専門職の視点は、事故を未然に防ぐために必要な視点であるものの、それのみに偏ると監視に陥ってしまう危険性があると警告している（角田、前掲論文）。

一方、酒井は本人と地域住民との「以前からの関係」が見守りに影響することを指摘し、以前からなじみの関係がある場合は、本人の生活空間に介入しすぎない適度な距離を保った見守りが可能になっていると指摘し、逆に、地域の「気づかい」も、以前からのなじみの関係がなく、「生活歴や日常生活に共通点がない場合」には、見守りが監視に陥りやすいと事例を通じて検証している（酒井、2009：166）。このように地域の見守りが無条件に「気づかい」の視点からなされるとは限らず、以前からの「関係性」によっては、「知らない」がゆえの様々な不安から、監視状態に陥りやすいといえる。

谷川は、見守りが「監視」に陥らないための専門職の役割は、「住民の不安に耳を傾けること、支援について具体的な提案を行うこと」であり、専門職が「参加する姿勢」を示し、住民が「信頼感」を持つことが地域の力を発揮させていく上で重要であると述べている（谷川、前掲論文：270）。また、酒井は、支援する本人と同時に、本人を支援する地域が無理なく支援ができるよう随時評価や調整（アセスメント）することが必要であると述べている（酒井、前掲論文：167）。

以上のことから、専門職による見守りは、事故を未然に防ぐといった視点からの観察と同時に、地域が無理なく支援できるよう地域の支援体制をアセスメントしながら、住民の不安を軽減し、役割を提案し、一緒に支援していく姿勢を示すことにあるといえるだろう。以前からのなじみの関係が住民と本人の間にある場合には、住民による「気づかい」による見守りが機能する可能性が高いが、そうした関係性がなかったり、孤立した人の場合は、まず

専門職がかかわりをしっかりと示し，周囲の住民の不安を軽減することが重要になるだろう。こうした見極めも専門職の重要な役割であると考えられる。

さらに，専門職の役割として，こうした個別の見守りに関する議論から一歩進めて，一つの事例から地域づくりへとつなげていくという視点も重要になる。坂本は，一人の認知症介護者からのSOSを「認知症の学習会」を通じて地域の課題として共有し，地域で認知症の人達を支えていくためのしくみづくりにつなげていった事例を報告している（坂本，2009：171）。「気づかい」やしばしばのっぴきならない事情で認知症や介護，障害といった様々な問題にかかわることになった住民に，そのことをきっかけに自分たちの地域について考えてもらうような機会を意図的に作っていくことも専門職の役割として重要だといえるだろう。

（3）名張市でのこれまでの取り組みと研究の目的

名張市では，すでに述べた国の安心生活創造事業の取り組みとも連動させて，第二次地域福祉計画の重点事業として，「『地域支え合い』──線から面に」を掲げ，「もれのない見守りの体制の確立」を目指してきた。具体的には，地域づくり組織が「有償ボランティア組織」を立ち上げて生活支援サービスを提供し，民生委員，まちの保健室，その他の地域資源が協働し，点や線ではなく，「面」として高齢者をはじめとした住民を支援していく体制の構築を目指してきた（図5-2）。

名張市の特徴は，これまでもしばしば触れてきたように身近な地域の中にまちの保健室という行政直営の地域包括支援センターのブランチがある点であり，見守り体制の構築においても，このまちの保健室がどのような役割を果たすのかがキーとなるといえるだろう。

第二次地域福祉計画では，まちの保健室は，サービスのコーディネートと専門職としての見守り機能を期待されているが，実際にこうした役割を果たせているのだろうか。また，できていない点があるとすればどのような点が

```
                ┌─────────────────────┐
                │   地域づくり組織      │
                │   有償ボランティア組織 │
                │・生活課題に対するサービス提供│
                │※ボランティア等との連携が不可欠│
                └─────────────────────┘
     協働                               協働
┌─────────┐      サービスの提供      ┌─────────┐
│ 民生委員  │                        │まちの保健室│
│・実態把握 │                        │・サービスのコーディネート│
│・見守り支援│                        │・専門職としての見守り│
└─────────┘                        └─────────┘
       相談        見守り
  実態調査・見守り    相談
         ┌見守り対象者┐
         
        あらゆる地域資源による支え
┌────┬──────┬──────┬──────┬──────┐
│行 政│医療法人 │社会福祉│NPO   │地元商店等│
│    │社会福祉法人│協議会│ボランティア等│      │
└────┴──────┴──────┴──────┴──────┘
```

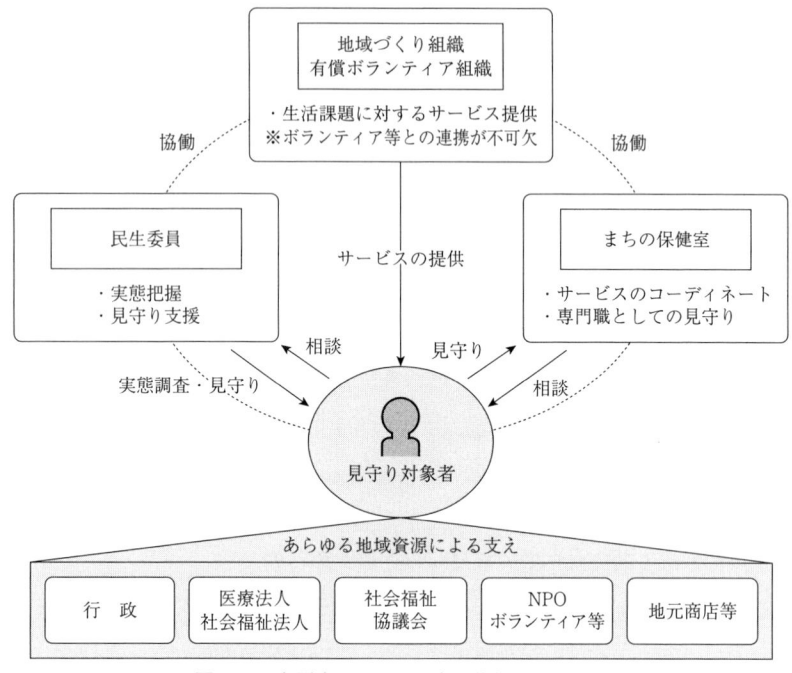

図 5-2　名張市における見守り体制のイメージ
出所：名張市「第二次地域福祉計画」より引用。

難しく，今後どうしていけばよいだろうか。

　そのことを明らかにするために，図5-3のようなまちの保健室の見守りのモデルを作成した。まず，まちの保健室では何らかの「関心や懸念」に基づいて見守りを開始する（「見守りの開始」）。その際，どのような理由で見守りケースを選定しているのかを明らかにすることで，専門職としての見守りの基準を検討する。

　次に見守りにおいて，「何を，どのような視点で見守っているのか」，具体的には専門職による見守りに期待されるようなアセスメントや評価の視点を持ってみているのかを検討する。

　さらに，見守りを「誰と，どのように，どのような体制で見守っているの

第5章　見守りケースからみたまちの保健室

○見守り開始の理由　○何を，どのような視点で見守っているのか？　○状況が変化したときにどう対応しているのか？（どういった効果や結果を導いているか）

見守りの開始 → （小さな）変化* → 変　化*

＊見守り体制に変更を及ぼさない変化

＊見守り体制が変わる変化
（ケアマネジャーがつくなど）
⇒まちの保健室としての見守りは終結

○誰と，どのように，どのような体制で見守っているのか？

見守り体制
まちの保健室
本人

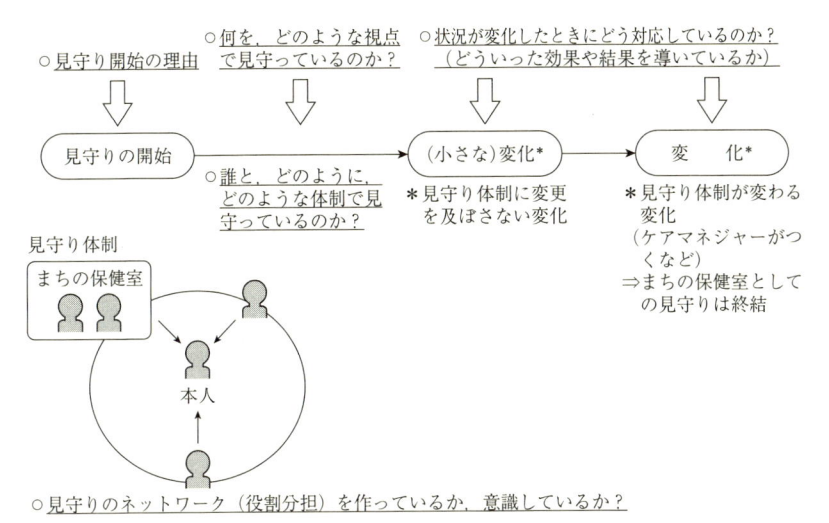

○見守りのネットワーク（役割分担）を作っているか，意識しているか？

図5-3　まちの保健室による見守りのモデル

出所：筆者作成。

か」については，具体的には見守りケースに対してまちの保健室がどのように支援体制をアセスメントし，誰とどのような役割分担をして見守っているのか，見守り対象者との関係性の中でそれがどう異なるのかを検討する。

そして，その結果，「どういった効果や結果を導いているか」という点については，見守りの中で具体的に起きた変化の中で，まちの保健室がどのように対応したのかを検討することで明らかにできると考えられる。

以上のような点を図5-1で示したような「見守りのモデル」とも比較，検討することで，名張市における見守り体制の構築に向けて，地域包括支援センター及びまちの保健室が実際に果すべき役割を明らかにすることができると考えられる。

（4）研究の方法

1）見守りケースの全体像の把握——調査Ａ

研究方法としては，次のような3つの方法によってまちの保健室の見守り支援を検討した。

まず，まちの保健室による見守りの全体像は，15カ所のまちの保健室に対して，現在担当しているすべての見守りケースにおける下記の項目について回答してもらい，見守りケースの全体像をとらえることを試みた（以下，調査Ａとする）。対象となったケース数は565ケースである。

―― 調査Ａの概要 ――

分析に用いた変数は，以下の通りである。

1. 性別（男女）
2. 「年齢」は，①65歳未満，②65歳以上75歳未満，③75歳以上85歳未満，④85歳以上の4項目で把握した。
3. 「どのように見守り対象となる人を発見・把握したか」については，①本人から，②家族から，③民生委員から，④まちの保健室の判断，⑤地域包括支援センターからの依頼，⑥専門職（生活保護や介護支援専門員）からの依頼，⑦在宅介護支援センターからの引き継ぎ，⑧その他の8項目から把握した。
4. 「家族形態」については，①一人暮らし，市内に親族，②一人暮らし，市外に親族，③一人暮らし，親族なし，④夫婦のみ，市内に親族，⑤夫婦のみ，市外に親族，⑥夫婦のみ，親族なし，⑦息子や娘家族と同居，⑧障害などがある息子や娘と同居，⑨本人の兄弟姉妹と同居，⑩その他の10項目から把握した。
5. 「介護保険利用の有無（見守り当初）」については，①介護保険利用なし，②要支援・要介護，③介護保険対象外（障害者や年齢に達していないなど）の3項目で把握した。
6. 「どのくらいの期間見守っているか」については，①0～6カ月未満，②6カ月以上～1年未満，③1年以上2年未満，④2年以上3年未満，⑤3年以上5年未満，⑥5年以上の6項目で把握した。
7. 「どのくらいの頻度で見守っているか」については，①不定期，②1カ月（未満）に1回以上，③1カ月～3カ月（未満）に1回以上，④3カ月～半年（未満）に1回以上，⑤半年以上に1回の5項目で把握した。
8. 「見守りの中で何を見守っているか」については，①安否確認，②身体状況の

変化，③家族の状況の変化，④日常生活状況（食事，清掃，金銭管理を含む）の変化，⑤地域との関係の変化，⑥精神状態の変化，⑦その他を複数回答で尋ねた。
9.「見守りの中で，まちの保健室がつないだ社会資源」は，①介護保険（住宅改修等），②医療機関・受診，③市の高齢者サービス（緊急通報システム，軽度生活援助事業，市の配食サービスなど），④地域の福祉サービス（有償ボランティアやボランティアによる配食），⑤その他サービス（介護保険外の生活援助，介護タクシーなど），⑥サロン，⑦社協，⑧民生委員や地域づくり組織，自治会の会長，区長，⑨その他，⑩特になし（今のところつないだところはない）の10項目で把握した。
10.「見守りしていることの効果」については，①本人に変化があった時，適切な機関や介護保険のサービスなどにつなげることができた，②本人に関わる人が増えた（まち保が地域の人をつないだことにより），③本人の安定につながった（生活リズムや精神的，気分転換も含む），④家族の安心になっている，⑤地域の安心になっている，⑥本人に情報提供ができている，⑦まち保を相談窓口として理解してもらい，電話での相談や来所してもらえるようになった，⑧支援者の役割分担ができた（民生委員や地域づくり組織と情報共有をして），⑨その他の9項目から把握した。

2）見守りケースの詳細な分析——調査B

調査Aでは，見守りケースを数量化して全体像を大まかに把握することが可能だが，より詳細に検討するためには，個々のケースの内容を把握する必要がある。そこで，地域包括支援センターの職員3名（保健師2名，事務職員1名）と分担し，まちの保健室のすべてのケースについて1件1件，以下の項目について聞き取り調査を行った。

具体的には，1．年齢と性別，2．見守りすることになった理由，3．何を見守っているのか，4．誰と見守っているのか，5．見守り対象者であったからの効果，6．変化の情報を誰から聞いたか，7．どのような状況の変化だったか，8．その時にまちの保健室がどう対応したか，の8項目である。さらに，4．「誰と見守っているのか」については，家族と民生委員，その他に分け，「誰と見守っているのか」に加え，それぞれとの間で「日常的な連絡体制」が

できているかを確認した。特に後者の「日常的な連絡体制」の有無は，誰と見守っているのかを把握しているだけでなく，まちの保健室がパイプ役となっているかを評価するために重要であると考えられる（見守り体制の分析は，本章第3節で行う）。なお，かかわりはじめて時間が経っていないケース，情報を把握しているだけでまだかかわりを持っていないケースなどを除外したため，聞き取りを行ったケースは461ケースである。

3）支援の課題と効果に関するフォーカスグループインタビュー

両調査の結果を踏まえ，「まちの保健室の見守り支援の課題と効果」を整理するためのフォーカスグループインタビューを行った。インタビューは，聞き取りに参加した地域包括支援センターの職員3名（保健師2名，事務職員1名）と地域包括支援センター長を参加者に筆者の司会で，2013年1月15日に名張市役所で行った。

2　見守りの全体像

（1）まちの保健室の見守りの全体像

まちの保健室の見守りの全体像は，次の通りである。

まず，ケースの全体は，15地区で565件，一地区の平均は，37.6件だが，O地区の6件からA地区の79件まで大きなばらつきがあった。このようなばらつきが出る要因としては，見守りケース選定の基準が統一されておらず，それぞれの地域で必要と考えるケースを見守りケースとして選定していることが考えられる（表5-1）。

次に，性別は，女性の方が多く（68.5％），年齢は，75歳以上の人が79.6％を占める。また，居住形態をみると53.6％が一人暮らし，夫婦のみ世帯が24.2％と，一人暮らしと夫婦のみ世帯が見守りケースの77.6％を占めていた。以上のように，女性，75歳以上の高齢者，一人暮らしもしくは夫婦のみ世帯が見守りケースの多くを占めていることがわかる（表5-2）。

第5章　見守りケースからみたまちの保健室

そして，介護保険の利用の有無では，「介護保険の利用なし」が77.2％と介護保険を利用していない住民の見守りにまちの保健室が多くかかわっていることがわかる。また，要支援もしくは要介護の人は21.6％であるが，これらの人は介護保険のプランの中でまちの保健室の見守りが位置づけられている場合と，認定は受けたもののサービスは利用していなかったり，住宅改修のみの利用でまちの保健室が見守りを行っている場合に分かれる。

見守り期間と頻度は，3年以上のケースが55.7％と「長期にわたる見守り」にまちの保健室がかかわってることが数字上も明らかである。もちろん，長期にわたってかかわっているからといってそれ

表5-1　地区ごとの見守り件数

	件　数	％
A地区	79	14.0
B 〃	74	13.1
C 〃	70	12.4
D 〃	59	10.4
E 〃	44	7.8
F 〃	41	7.3
G 〃	37	6.5
H 〃	35	6.2
I 〃	29	5.1
J 〃	26	4.6
K 〃	23	4.1
L 〃	18	3.2
M 〃	13	2.3
N 〃	11	1.9
O 〃	6	1.1
合　計	565	100.0

出所：筆者作成。

が無条件によいというわけではないが，この点は大きな特徴といえる。見守りの頻度として最も多いのは，「1カ月～3カ月（未満）に1回以上」で，全体の28.1％であった。妥当な見守りの頻度は，例えばまちの保健室が唯一の見守りの担い手なのか，すでに地域の中で支援体制ができておりその中で見守っているかといった条件によっても変わってくるため，一概に定めることはできない（前者の場合頻度は多くなるだろうし，後者の場合は，それほど多く訪問する必要はなくなるだろう）。ただし，全体の38.9％を占める「不定期」や「半年以上に1回」が具体的にどのようなケースであり，どのような意図で行われている見守りなのかは明らかにしておく必要があるかもしれない。

表5-2 まちの保健室による見守りの概要

性別	度数	%
男性	178	31.5
女性	387	68.5
年齢		
65歳未満	24	4.2
65歳以上75歳未満	91	16.1
75歳以上85歳未満	285	50.4
85歳以上	165	29.2
居住形態		
一人暮らし、市内に親族	142	25.1
一人暮らし、市外に親族	153	27.1
一人暮らし、親族なし	8	1.4
夫婦のみ、市内に親族	61	10.8
夫婦のみ、市外に親族	74	13.1
夫婦のみ、親族なし	5	0.9
息子や娘家族と同居	99	17.5
障害などがある息子や娘と同居	10	1.8
本人の兄弟姉妹と同居	2	0.4
その他	11	1.9

介護保険利用の有無	度数	%
介護保険の利用なし	436	77.2
要支援・要介護（ケアプランで位置づけられている）	122	21.6
介護保険対象外	7	1.2
見守り期間		
0～6ヵ月未満	41	7.3
6ヵ月以上～1年未満	44	7.8
1年以上2年未満	77	13.6
2年以上3年未満	88	15.6
3年以上5年未満	216	38.2
5年以上	99	17.5
見守り頻度		
不定期	152	26.9
1カ月（未満）に1回以上	107	18.9
1カ月～3カ月（未満）に1回以上	159	28.1
3カ月～半年（未満）に1回以上	79	14.0
半年以上に1回	68	12.0

出所：筆者作成。

（2）発見のルート──見守り開始の理由

　まず，見守りをすることになった理由は，「民生委員から」が最も多く，次に「在宅介護支援センターからの引き継ぎ」「本人から」「まちの保健室の判断」と続き，「家族から」と「地域包括支援センターからの依頼」が同数，そして「専門職からの依頼」と様々な「発見のルート」があることがわかる（図5-4）。

　調査Bの聞き取りの中からいくつか具体例をみると，民生委員からの相談

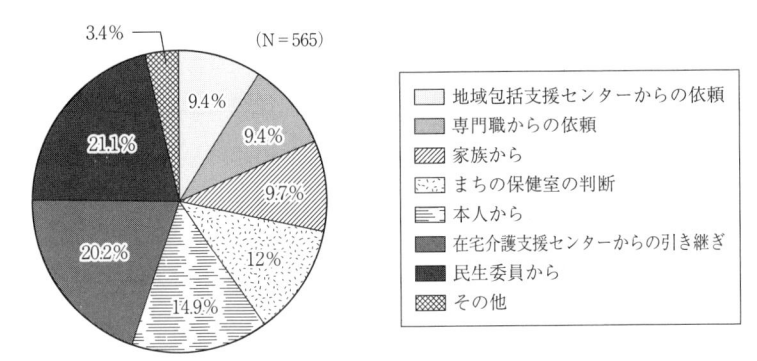

第5章　見守りケースからみたまちの保健室

図5-4　見守りケースの発見のルート
出所：筆者作成。

凡例：
- 地域包括支援センターからの依頼
- 専門職からの依頼
- 家族から
- まちの保健室の判断
- 本人から
- 在宅介護支援センターからの引き継ぎ
- 民生委員から
- その他

数値：3.4%、9.4%、9.4%、9.7%、12%、14.9%、20.2%、21.1%（N＝565）

のパターンは，大きく二つに分けられる。一つは，軽度生活援助事業や緊急通報システムなど，サービスにつなぎたいということで，まちの保健室に相談が入るケース，もう一つは，民生委員がやや「手に負えない」と感じているようなケースで，まちの保健室にもかかわってほしいと感じている場合である。後者の例は，本人と民生委員の関係が良好ではないとか，本人の精神状態が不安定で，一緒に見守ってほしいといったケースである。いずれにしても，気になる人の「発見」にはやはり民生委員が大きな役割を果たしていることがわかる。

（3）何を見守っているのか

　各ケースについて「何を見守っているのか」という質問に対して最も多かったのは，「身体状況の変化」である。見守りの9割以上は，「身体状況の変化」に着目して行われている（図5-5）。高齢者の一人暮らしや夫婦のみ世帯であり，かつ介護保険の対象になっていないようなケースの場合，身体状況が変化していないか，衰えはないかといったことが見守りの際の視点になっていることがわかる。他方で，家族や地域の関係の変化といったことはあまり注目されていないこともわかる。

```
身体状況の変化                               92.7
日常生活状況(食事，清掃，
金銭管理を含む)の変化              65.8
安否確認                        50.7
精神状態の変化              39.5
家族の状況の変化         27.3
地域との関係の変化      22.3
その他    1.6
```

図5-5　何を見守っているのか

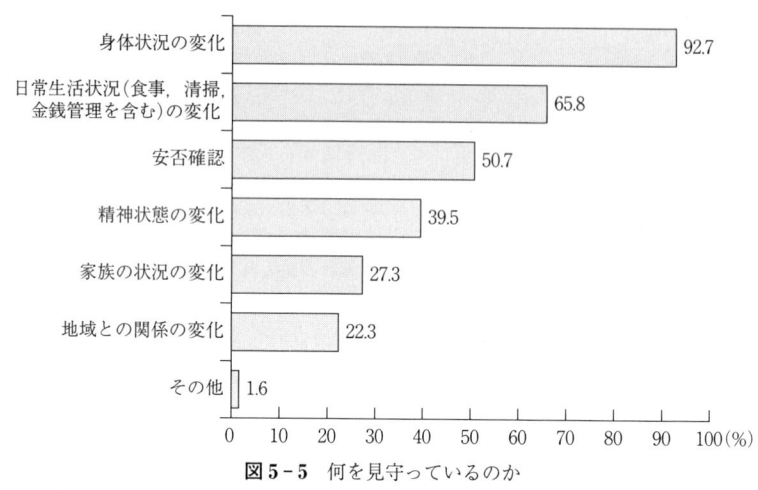

注：回答は複数回答のため（回答数＝1,692），合計しても100％にならない。
出所：筆者作成。

（4）つないだ社会資源──状況が変化した時にどう対応しているか

「つないだ社会資源」として，最も多いのは介護保険で41.2％であるが「特になし」の割合も高い（図5-6）。社会資源への「つなぎ」は，必要があるときに行えばよいものであるから，つなぐ割合が高ければよいということではない。「特になし」の場合は，制度や地域につなぐ必要性がまだないケースと考えれば，「何もしていない」ことこそが「見守り」ケースの特徴であるといえる（全体の30％は，特に変化していないケースであるといえる）。また，「つなぎ先」としては，介護保険や市の高齢者サービスなど，公的なサービスの割合が高く，サロンや地域の福祉サービス，民生委員や地域づくり組織，自治会長・区長につないだケースも一定の割合で存在するものの，あまり高いとはいえない。

第5章　見守りケースからみたまちの保健室

```
介護保険                                          41.2
特になし                                   30.8
市の高齢者サービス(緊急通報・軽度
 生活援助・配食サービス)                      26.6
サロン                            14.9
地域の福祉サービス(有償ボランティ
 アやボランティアによる配食)               12.4
民生委員や地域づくり組織,自治会長・区長    8.9
医療機関・受診                    6.9
介護保険外の生活援助,介護タクシーなど  6.2
その他                     2.9
社協                      0.7
    0    5   10   15   20   25   30   35   40   45(%)
```

図5-6　まちの保健室がつないだ社会資源

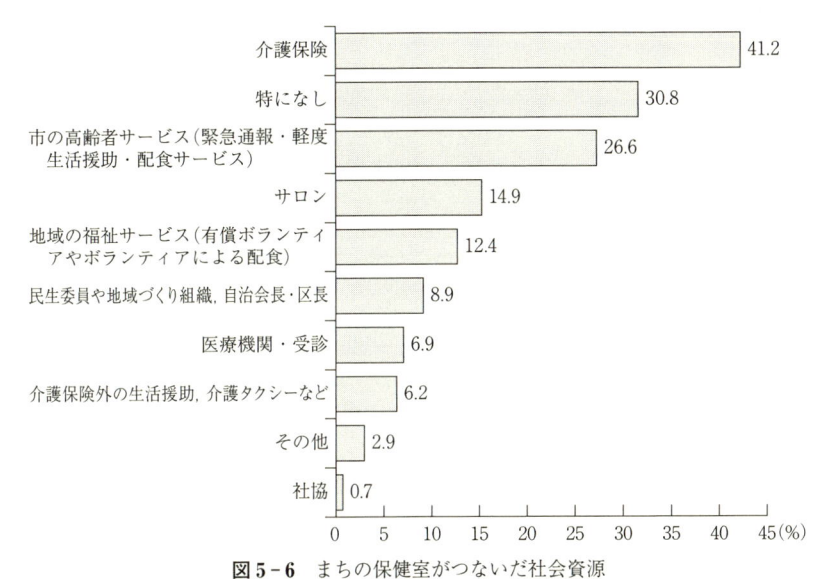

注：回答は複数回答のため（回答数＝832），合計しても100％にならない。
出所：筆者作成。

(5) 見守りの効果——どういった結果や効果を導いているか

「見守りの効果」として最も多かったのは，「本人に情報提供ができている」という項目で67.2％，3番目に多かった「まちの保健室を相談窓口として理解してもらい，電話や相談や来所してくれるようになった」(59.6％) と合わせて考えると，本人が相談窓口を理解し，必要な情報を提供していることが見守りの効果として認識されていることがわかる。また，見守りによって「本人の安定につながる」ことも効果として認識されている。これは，本人が話をする場所ができたことによって，精神的に安定したり，気分転換になったりするといった効果も含んでいる。

一方，まちの保健室の役割として期待される「支援者の役割分担ができた」は23.4％とあまりできておらず，まちの保健室がかかわることによって，「本人にかかわる人が増えた」という効果は1割程度と認識されている。「支援

147

図 5-7 見守りの効果

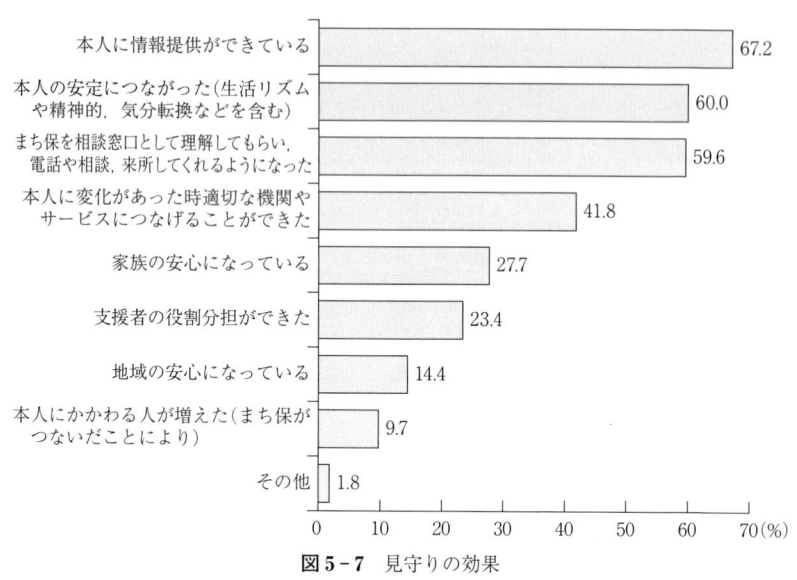

項目	%
本人に情報提供ができている	67.2
本人の安定につながった(生活リズムや精神的，気分転換などを含む)	60.0
まち保を相談窓口として理解してもらい，電話や相談，来所してくれるようになった	59.6
本人に変化があった時適切な機関やサービスにつなげることができた	41.8
家族の安心になっている	27.7
支援者の役割分担ができた	23.4
地域の安心になっている	14.4
本人にかかわる人が増えた(まち保がつないだことにより)	9.7
その他	1.8

注：回答は複数回答のため（回答数＝1,697），合計しても100％にならない。
出所：筆者作成。

者の役割分担ができた」と「本人にかかわる人が増えた」という効果が同時に認識されているケースは，4.7％（27ケース）しかない。どうして支援者の役割分担ができていないのか，また，本人を見守るネットワークが大きくなっていかないのか，その必要がないケースが多いのか，しなければいけないのにできていないのか，その要因については詳細に検討する必要があると考えられる。

(6) 見守りの全体像――まとめ

第2節では，見守りケースの大まかな全体像を把握した。

まず，全体としては地域ごとに見守りケースにばらつきがあること，介護保険を利用していない75歳以上の一人暮らし及び夫婦のみ世帯が多いこと，見守りの期間は3年以上見守りを続けているケースが半数を超えること，お

おむね半数が3カ月以内の定期的な見守りであるが,「不定期」や「半年以上に1回」というケースも4割近くあることなどがわかった。

次に,「まちの保健室による見守りのモデル」（図5-3）に当てはめて考えると,「見守り開始の理由」としては,民生委員からの依頼が多いことを確認したが,それ以外にも多くの発見のルートがあることもわかった。また,「何を,どのような視点で見守っているのか」については,「身体状況の変化」や「日常生活の状況」に着目した見守りが行われており,「状況が変化したとき」には,介護保険や市の高齢者福祉サービスにつなぐケースが多いこと,ただし,見守りケースの3割はまだそうした状態になったことがないケースであることが分かった。さらに,見守りをしている効果としては,本人への情報提供,相談窓口として理解してもらうことといった「何かあった時に相談場所を知ってもらう」ことに関連した成果が高い割合を占めていた。これも,変化が特にないケースが多いことを反映した結果といえるだろう。

3　見守り体制についての分析

（1）見守り体制の評価——誰と見守っているのか,支援体制を組めているのか

ここでは,「見守りモデル」のうちでも「見守り体制」について詳細に検討する。まちの保健室は,見守り体制の「パイプ役」であることが期待されている一方,前節でみた「見守りしていることの効果」でも「支援者の役割分担ができた」とか「本人にかかわる人が増えた」といった点が効果として認識されている割合は低かったため,その要因を探る必要があると考えられるためである。すでに述べたように,見守りケースの聞き取り調査（見守り調査B）では,461ケースについて「誰が見守っているか」を1件1件確認した。

そして,見守り体制を評価するために,「誰が見守っているのか」を家族と民生委員,その他に分けたうえで,それぞれとの間で「日常的な連絡体制」ができているかについても確認した。特に後者の「日常的な連絡体制」の有

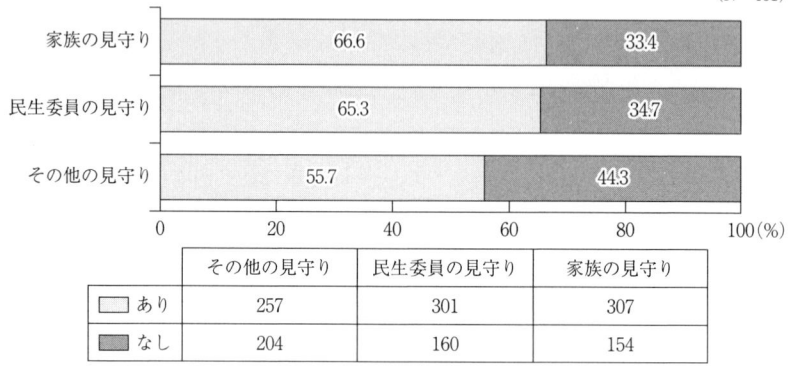

	その他の見守り	民生委員の見守り	家族の見守り
あり	257	301	307
なし	204	160	154

家族の見守り：66.6 / 33.4
民生委員の見守り：65.3 / 34.7
その他の見守り：55.7 / 44.3
(N＝461)

図5-8　見守り体制のメンバー

出所：筆者作成。

無は，「見守り体制」が単に誰と見守っているのかを把握しているだけでなく，まちの保健室がパイプ役となっているかどうかを評価するために実施したものである。

　その結果，図5-8に示したように家族（66.6％），民生委員（65.3％）とともに見守っていることが多く，その他（その他は近所の人などまちの保健室が把握している見守りしている人をいう）は55.7％であった。

　次に，それぞれの見守りが「あり」とされたケースについて，民生委員，家族，その他の見守りの間で，日常的な連絡体制ができているかについて確認した。それをまとめると表5-3のようになる。ここで「なし」が意味するのは，例えば，民生委員が見守りをしていることを知ってはいるが，日常から連絡を取り合って見守りをしているわけではない，ということである。

　最後に，これら3つの主な見守り主体がすべて見守りを行っておらず（少なくとも行っていることを把握しておらず），まちの保健室だけが見守りをしていると考えられるケース（まちの保健室単独の見守りケース）は，24ケース，全体の5.2％であった。

表5-3　見守りケースにおける日常の連携

	あり	なし	非該当
日常の連携（民生委員）	289 (96%)	12 (4%)	160
日常の連携（家族）	168 (54.7%)	139 (45.3%)	154
日常の連携（その他）	165 (64.2%)	92 (35.8%)	204

出所：筆者作成。

（2）見守り体制の特徴

　前項の見守りケースの調査から，見守り体制の特徴として次のようなことがわかった。

　まず，見守りは，民生委員とともに行っていることが多く（65.3％），さらに民生委員との間では連携を取りながら見守りが行われていることがわかる（民生委員と見守っているケースでは日常の連携ができているケースが96％）。これはこれまでの調査結果とも一致する結果であり，まちの保健室と民生委員が密接に連携を取りながら，見守り活動を実施していることを裏書きしている。聞き取り調査の中でも「民生委員の安心につながった」ことを効果の一つとして挙げている例が多かった。

　一方，家族の場合は家族が見守りをしていることを把握はしているものの，家族との連携（見守り体制）は十分構築できていないこと，またその他の見守りの主体との間でも同様であることがわかる（家族では，連携の体制ができているのは54.7％，その他の場合は64.2％である）。このことから，家族やその他の見守り主体との間では，見守り体制の「パイプ役」となれていないケースも少なくないことがわかる。もちろん，聞き取り調査の中では，特に同居や夫婦のみ世帯の場合，「困った時にどこに相談したらよいかがわかり，家族の安心につながった」とか「介護者の相談窓口になっている」といったケースも多

くみられ，日中独居のような場合や家族が遠方の場合で比較的緊急性が低い場合に見守りしていることを伝える必要がないと判断している場合もあったことは考慮しておく必要がある。

　まちの保健室の見守りケースのほとんどは繰り返し述べてきたように，インフォーマルな支援体制である。介護保険制度を利用している場合などと違ってこれらのケースでは，支援計画を法的に策定する義務もなければ，ケース会議をする義務もない。この点がインフォーマルな見守り体制を構築するうえでの難しさであるといえる。

（3）まちの保健室単独見守りケースはどのようなケースか

　次に，まちの保健室が単独で見守っているケースの詳細についてみておきたい。これらのケースは，民生委員，家族，近所の人などのその他の社会資源のいずれもが見守りのメンバーとなっていない場合である。これらのケースをみることで，専門職が単独で見守る必要があるのはどのようなケースなのか考えてみることができるだろう。

　まず，まちの保健室単独見守りのケースは，民生委員や近隣などの見守りが難しいと思われるケースが多い。例えば，（本人に）「民生委員に不信感がある」「うつ状態で精神的に不安定」「近隣関係が悪い」「地域との交流がない」「引きこもり気味」といった民生委員や地域との関係が作りづらいケースがまちの保健室単独ケースの約半数を占めている。

　次に，その他のケースの多くは一人暮らし，日中独居，高齢者世帯などでやや気になる状態（例えば，病気や既往歴があるなど）を把握して見守りに含めている場合で，まちの保健室を相談場所として認識してもらうことを主な目的とした見守りが中心になっている。

　さらに，家族や親せきなどが近くにおらず「いざという時の連絡場所」として本人が見守りを希望したり，情報提供を求めるといった本人が自ら見守りを要望しているケースも数件あった。

以上の通り，まちの保健室が単独で見守りをしているケースのうち約半数は本人が地域やその他の機関と関係が作りづらく，まちの保健室が単独で見守りをせざるを得ないケースである。もちろん，まちの保健室がかかわることによって，地域との関係が変化したり，他のつながりができることで，「単独」による見守りから複数による見守りへと変化していくことが望ましいだろう。しかしながら，この場合，当初は専門職によるかかわりが求められるケースといえる。

一方，その他のケースは，むしろ見守り「体制」を構築するほどの緊急性を要しないケースといえるかもしれない。しかし，こうしたケースであっても近隣で見守っている人を把握しておいたり，民生委員にも声をかけておく，といった対応をとることでその後の見守り体制の構築につなげていくことが重要だと考えられる。

4　まちの保健室における見守りの効果と課題の検証

2つの調査結果を踏まえ，この研究の目的であるまちの保健室の見守りの効果と課題を整理するため，地域包括支援センターの保健師2名，事務職員1名，センター長の4人に対してフォーカスグループインタビューを実施した。インタビューにおいては，大まかにまちの保健室の見守りモデル（図5-3）を参照しながら，特にケースの聞き取りで感じた見守り基準，見守りの視点，見守り体制，効果や結果についての地域包括支援センターとしての見解について協議した。

インタビューデータを分析し，地域包括支援センター職員が認識するまちの保健室の見守り支援の効果，課題，今後の取り組みについて図5-9のようなカテゴリーリストに整理した。以下，見守りの効果，見守りの課題，今後の取り組みについて，この結果に基づいてまとめておきたい。

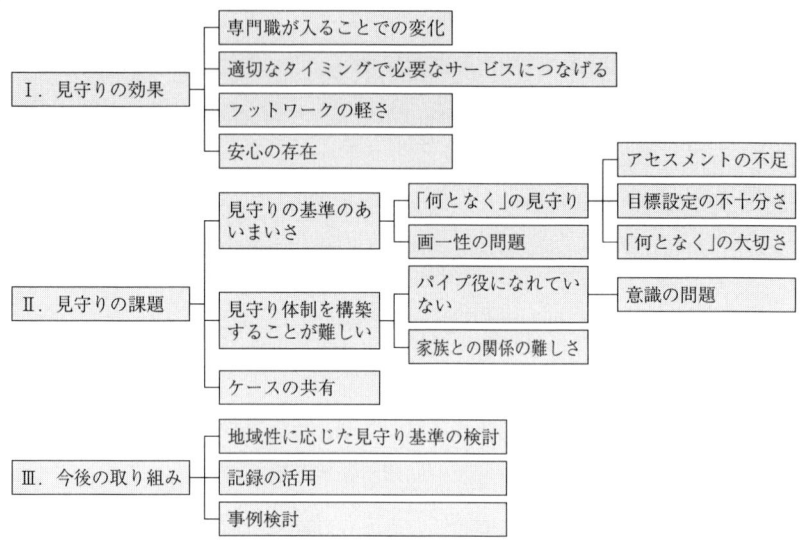

```
Ⅰ. 見守りの効果 ─┬─ 専門職が入ることでの変化
                  ├─ 適切なタイミングで必要なサービスにつなげる
                  ├─ フットワークの軽さ
                  └─ 安心の存在

Ⅱ. 見守りの課題 ─┬─ 見守りの基準のあいまいさ ─┬─「何となく」の見守り ─┬─ アセスメントの不足
                  │                              │                        ├─ 目標設定の不十分さ
                  │                              │                        └─「何となく」の大切さ
                  │                              └─ 画一性の問題
                  ├─ 見守り体制を構築することが難しい ─┬─ パイプ役になれていない ── 意識の問題
                  │                                      └─ 家族との関係の難しさ
                  └─ ケースの共有

Ⅲ. 今後の取り組み ─┬─ 地域性に応じた見守り基準の検討
                    ├─ 記録の活用
                    └─ 事例検討
```

図 5-9 まちの保健室の見守り活動についてのカテゴリーリスト

出所：筆者作成。

（1）見守りの効果

　まず，まちの保健室という専門職が見守りの中に入る意義は何か，見守りしていることの効果は何か，という点について検討した。

　第1に，見守りケースにおいては「専門職が入ることによっての変化」がまちの保健室の見守りの効果として認識されていた。専門職が見守りに加わることで「地域が安心」し，そのことによって苦情や迷惑の対象から，「見守る目に変わっていった」事例や，本人が地域のつながりを拒否している場合などでも，専門職が入ることで，本人の気持ちを徐々にほぐしていき，地域とのつながりを作っていくことで見守りの輪を広げることができた事例などが具体例として挙げられていた。本人の行動や言動などで地域が排除的になってしまう場合や，本人が地域とのつながりをなかなか作れない，作ろうとしないような場合に，行政機関でもあるまちの保健室という存在が地域と本

人の「パイプ役」となっているということである。地域との社会関係が大切であるといっても，そうした関係を本人が望まなかったり，むしろ拒否している場合，そうした積み重ねにより地域との関係がこじれているような場合には，専門職が間に入り，その関係を解きほぐしていったり，地域がかかわれるような前提を作っていくことが重要であるといえる。まちの保健室が地域の中でこうした役割を果たしていることが，個別のケースを見ていく中で明らかになった。

　第2に，適切なタイミングで必要なサービスにつなげることである。定期的な見守り活動で，本人の状態を把握し，適切なタイミングで介護保険だけでなく様々な公的な支援（例えば，日常生活自立支援事業など），地域の支援（サロン，配食サービス，有償ボランティアなど）につないでいくケースが多くあった。また，問題が顕在化した際には地域ケア会議を開き，地域包括支援センター（要支援の場合）に引き継ぎをすることになるが，一定の支援やかかわりの土台があるため，本人の意向や思いに沿った支援ができるという意見もあった。さらに，消費者被害の問題なども，日頃からの関係があったからこそ，早期に気づき，民生委員と連携し，解決することができたケースなどがあった。介護サービスにつながる前の段階で見守っているからこそ，適切なタイミングでの介入が可能になっているといえる。また，タイミングだけでなく，必要なサービスにつなぐということも意識されていた。安易に介護保険につなぐのではなく，地域の社会資源などが意識されているケースも少なくなかった。「適切なタイミング」と「必要なサービスにつなぐ」という役割は，専門職の大きな役割といえるだろう。

　第3に，身近であるがゆえのフットワークの軽さである。市役所にある地域包括支援センターと違って，見守りケースなどで大きな動きを地域包括支援センターが察知したときでも，まちの保健室がすぐに対応することができる。こうした緊急時においてすぐに動けるというのは，まちの保健室の見守りの大きな特徴である。具体的には，何か連絡があった場合の現況の確認に

ついては，身近なまちの保健室がすぐに動き，現場に急行できる。見守りケースの場合は，顔見知りであることも多く，スムーズに対応もできる。こうしたことが地域包括支援センターの専門職からみると身近な専門職による見守りの効果として認識されていた。

最後に，身近な専門職の存在が，一緒に見守っている支援者側にとっても，見守られている本人や家族にとっても，「安心の存在」として定着しているという点である。行政機関であるということもあり，「地域の中でも認知された存在になっている」「安心して迎え入れてもらえる」ことが実感されており，「民生委員の安心感にもつながっている」と地域包括支援センターの職員は感じている。

以上のことから，まちの保健室が見守り活動を行うことの効果を次のようにまとめることができるだろう。

―― 専門職が見守りに入ることによる効果 ――
① 専門職が介入することによる関係のダイナミズムの変化。
② 適切なタイミングで必要な支援につなぐことができる。
③ （身近であるために）緊急時などにすぐに動ける（フットワークの軽さ）。
④ 地域の安心の存在（本人にとっても支援者にとっても）になっている。

(2) 見守りの課題

以上のように，まちの保健室の見守りケースを検討する中で，改めてその効果を確認したが，まちの保健室の役割や機能をより高めていくためには，以下の3点が今後解決していくべき課題として認識された。

第1の課題は，「見守りの基準のあいまいさ」である。これはどういうケースを見守っていくかという「基準」がそれぞれのまちの保健室によってあいまいな場合があるという点についてまとめられたものである。

基準のあいまいさをもう少し具体的にいえば，見守りの依頼などがあった場合に，「（まちの保健室として）どうして見守りケースとして選定したのか」

というアセスメントの視点，そして，どういう目標を設定して支援していくか（目標設定）という点が十分でないと思われるケースがあり，それが専門職としての見守りというよりは「何となくの見守り」となっているのではないかという懸念となっている。いいかえれば，「どうしてそのケースを見守り対象にしたのか」「なぜ訪問するのか」という意味や意識，根拠づけが希薄なケースがみられるということである。

見守り基準があいまいになってしまう要因

（見守りがどうして必要かについての）アセスメントが十分でない場合がある⇒訪問頻度や目的の意味，意識，根拠づけが不明確（支援計画が不明確）になってしまう⇒何となくの見守りになってしまう可能性

こうした「何となく」見守りが行われているのではないかというケースには，まちの保健室の前身である在宅介護支援センターからの引き継ぎケース（引き継ぎケースであるからそのまま見守りが継続されている），民生委員からの依頼ケース（民生委員から依頼されると即，見守りケースとなる場合がある）などの場合に多く，このような場合にアセスメントや目標設定といった支援計画が不十分になっているのではないかと認識されていた。後者の民生委員の場合は，すでにみたように民生委員の依頼を受け入れることが，お互いの信頼関係につながっており，それ自体が課題として考えられているのではない。そうではなく，依頼を受け止め，そのケースをきちんとアセスメントするというプロセスが重要であるということである。

また，「不定期のケース」にも「住宅改修だけの人のところに半年後に様子をみにいく」といった目的が明確な場合もあり一概にいえないとしても，見守り基準のあいまいさが「不定期」の訪問が多いことに反映されていると考えられている。

しかし，アセスメントという意味での基準は重要だとしても地域包括支援センターの職員は，「何となく」の大切さも理解している。実際に，聞き取り

の中でも「直感で見守りが必要だと思った」といったケース選定の理由が多かったが，これが結果的に適切なタイミングでの介入につながっているケースもあった。見守りはまだ元気な人を長期にわたって文字通り「見守っていく」ことであり，その意味では身近な相談窓口の専門職の役割として「何となくの見守り」の大切さも認識されていた（「何となくの大切さ」）。

　以上のことから，専門職として見守りケースに対する「必要性」をアセスメントし，「目的を持って」見守りを行えていない場合がみられること，そのことを明確にしていくことが課題であるといえる。

　ただし，「見守りケースについて厳密な基準を設定するべきか」というと，後でも検討するように，そのように考えられているわけではない。その理由として，まず「地域の状況や社会資源」や「立地条件」などに違いがある中で，見守り基準を厳密に決めてしまうと「活動がやりにくくなってしまう」し，すでにみたように「なんとなくの大切さ」「曖昧においておけることの良さ」も大切であると考えられること，第2に，厳密な基準はまちの保健室の自主性を損ない，地域包括支援センターの指示待ちになってしまう（画一的になってしまう）というカテゴリーとしてまとめられている（「画一性の問題」）。この点については，次項の「今後の取り組み」において再び検討する。

―― 見守り基準を明確化することの留意点 ――
　地域の状況，社会資源や立地条件の差を無視して，画一的な基準を設けると，かえって活動をやりにくくし，まちの保健室それぞれの自主性を損なう恐れもある。

　第2の課題は，「見守り体制を構築することが難しい」ことである。すでに述べたように，まちの保健室は見守りネットワークの要として，見守り体制の中心的なコーディネート役が期待されている。ところが，第3節でみたように，民生委員との信頼関係，支援体制づくりは進んでいるものの，それ以外の「横のつながり」を作り「見守りの輪を広げている」というケースは少なく，その点についての不十分さが認識されていた（「パイプ役になれていな

い」)。

　実際に，こうした課題は，例えば「結局後から聞きましたというケース」，すなわちまちの保健室が見守りをしていたにもかかわらず，大きな変化をまちの保健室がとらえきれておらず，顛末を後から関係者に聞くといった事例が少なくなかったことに表われている。

　また，単にできていないというよりは，見守りの輪を広げるという点について「普段からの意識」が希薄な場合もあったのではないか，という指摘もあった。例えば，聞き取りの際に「誰が見守っているか」，そして，そうした人たちと「役割分担ができているか」という「質問自体にピンと来ていないような」場合もあった。

見守り体制を構築することが難しい理由

日頃から役割分担をしながら見守っていくという意識が希薄⇒見守りの輪が広がらない⇒何かあったときの「パイプ役」として認知されていない⇒顛末を後から聞くことになってしまう場合がある。

　ただし，地域との関係でいえば，個人情報の問題などもあり，何でもむやみに伝えればよいというものではないだろう。また，家族との関係については介護保険の利用の場合などとは違って，インフォーマルな見守り支援，特に安否確認や身体状況の確認だけであれば，わざわざ家族と連絡を取ることが必要ない場合もある。さらに，遠方の場合などで，特にそれほど本人も家族も困っていないような場合なども連絡を取ることが必要なかったり，必要でも難しい場合も多いだろう。もちろん，その場合でも，「何年か見守っているようなケース」では，家族との関係を意識的にもった方が良いこと，少なくとも現時点で「見守りに入っていることを家族に伝える」ことが必要であると考えられている。何かちょっとした一言でも，何かあった時に家族から連絡が来るような関係を意識して作っていくことも必要ではある。いずれにしても，地域包括支援センターとしては，地域や家族といったインフォーマ

○見守り開始の理由
・民生委員からの依頼が多い。
・在宅介護支援センターからの引き継ぎケースが多い。
課題「見守り対象とする基準のあいまいさ」。

○何を，どのような視点で見守っているのか？
・身体状況の変化，日常生活状況に着目した見守りが多い。
課題①アセスメントの不足，②訪問頻度や目的，意識，根拠づけが不明確で，結果として「何となくの見守り」になってしまう。

○状況が変化したときにどう対応しているのか？（どういった効果や結果を導いているか）
・介護保険，市の高齢者サービス，サロンなど。「特になし」の割合も多い。
効果①専門職が入ることによって，関係のダイナミズムが変わる，②適切なタイミングで支援につなぐことができる，③緊急時などにすぐ動ける，④地域の安心の存在になっている。

↓ ↓ ↓ ↓

見守りの開始 → （小さな）変化* → 変化*

*見守り体制に変更を及ぼさない変化

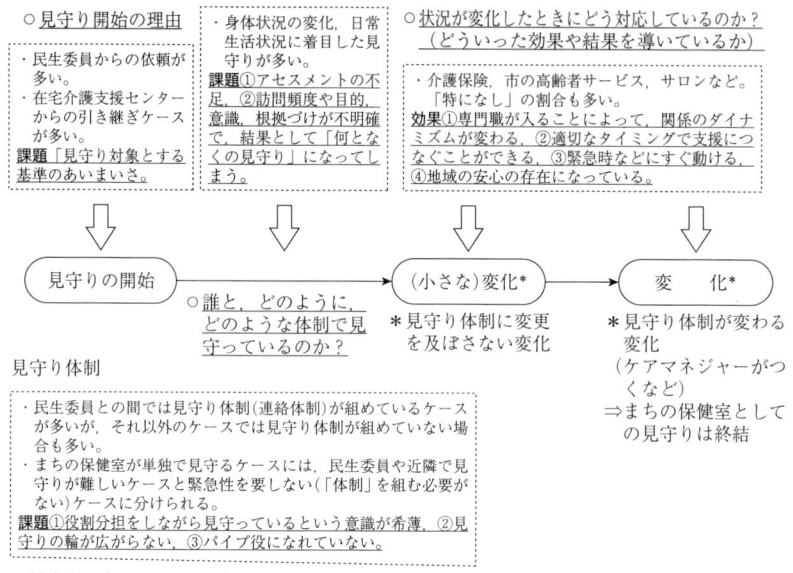

*見守り体制が変わる変化（ケアマネジャーがつくなど）
⇒まちの保健室としての見守りは終結

○誰と，どのように，どのような体制で見守っているのか？

見守り体制
・民生委員との間では見守り体制（連絡体制）が組めているケースが多いが，それ以外のケースでは見守り体制が組めていない場合も多い。
・まちの保健室が単独で見守るケースには，民生委員や近隣で見守りが難しいケースと緊急性を要しない（「体制」を組む必要がない）ケースに分けられる。
課題①役割分担をしながら見守っているという意識が希薄，②見守りの輪が広がらない，③パイプ役になれていない。

○見守りのネットワーク（役割分担）を作っているか，意識しているか？

図5-10 まちの保健室による見守りのモデルと研究結果
出所：筆者作成。

ルな社会資源との間で見守り体制を作っていくことの難しさを十分に認識しており，むしろ地域包括支援センターとしての課題としてもとらえていた。面倒ではあっても，早期の発見を可能にし，必要なサービスにつなげ，同時に支援者同士が安心して支援ができるようになる「体制」（見守り体制）を構築する努力をすることが専門職の役割であり，多くのケースではその効果が発揮されているものの難しいケースでどのようにしていけばよいか，まちの保健室及び地域包括支援センターの課題といえるだろう。

第3の課題は，ワーカー同士のケースの共有である。まちの保健室は，1地区2名体制で運営されている。全見守りケースの調査の中で，2人のワーカー間でのケースの共有の方法が地区ごとに大きく違うこともわかった。

ケースの共有の方法はそれぞれのスタイルがあるとしても，自分が主担当でなくても何かあったときには対応できるように共有しておくこと，またそれが可能になるような記録を残すこと，そうした点が重要な点であると認識されていた。

以上のケース記録の分析とケース記録の聞き取りを踏まえたフォーカスグループインタビューの結果を「まちの保健室の見守りのモデル」に当てはめ，それぞれの段階における効果や課題をまとめたものが図5-10である。これらの結果を踏まえ，今後の取り組みについて次に考えてみたい。

（3）今後の取り組み

最後に，グループインタビューでは，効果と課題の検討を踏まえ，地域包括支援センターとして，「まちの保健室にどういったことを求めていけばよいのか」といった点について検討した。その結果，今後の取り組みとして①地域性に応じた見守り基準の検討，②記録の活用，③事例検討の3点が重要であることが確認された。以下，順にみていきたい。

第1に，地域性に応じた見守り基準を検討していくことである。

調査でも明らかになったように，現在の見守り基準には地域差が大きいが，その差が問題なのではなく，そこに明確な意図がないことが問題であるといえるだろう。地域包括支援センターの職員も，地域性や地域の社会資源が異なる中で，一律の基準を設定することには否定的であった。このことは，それによってまちの保健室が，その特徴でもある柔軟性を失って，地域包括支援センターの指示がないと動けなくなってしまうということに対する懸念ともいえる。

そこで，まちの保健室が「サービスのコーディネート」をしながら「専門職としての見守り」を行っていくためには，それぞれの地域資源や地域性を考慮した見守りを行っていくことが必要になる。地域の状況（例えば，造成された宅地と旧村部の地域のつながりの状況）や社会資源（これには民生委員との関係

や有償ボランティア組織の有無なども含まれる）を踏まえたうえで，それぞれの地域ごとに「まちの保健室の立ち位置」を明確にし，それぞれの基準を明確にしていくことが必要な時期になっている，と考えられている。

　もちろん，それぞれの地域ごとのまちの保健室の立ち位置は，まちの保健室だけで決めることではない。地域包括支援センターと話し合いを進めながら，「依頼されたから」ではなく明確な判断根拠を持って見守りケースを担当していけるようにしていくことが重要だといえる。

　第2に，記録を活用することである。

　「なんとなくの見守り」となってしまう要因として指摘されていた「アセスメントが十分でない場合がある⇒訪問頻度や訪問の目的の根拠づけが不明確（支援計画が不明確）になってしまう」といった問題点は，実は「まちの保健室活動マニュアル」を作成したときから意識されており，ケース記録において「本人の状況，家族・関係者の状況」を「本人，家族・関係者が言った言葉やまちの保健室職員が観察してきたこと，生活環境などを記入し，それらの情報を合わせて『どう思ったか』『どう感じたか』『どう考えたか』などを記入」し，「今後の方針」において，それらを勘案し，「支援の目的」を設定するような記録様式として統一されている（「まちの保健室活動マニュアル」）。また，訪問記録では「訪問目的」という欄を設け，「訪問の目的」を明確化すること，経過記録でも「考えたこと」という欄を設け，「アセスメント」の視点を持って訪問を行うことを促そうとしている。

　以上のように，地域包括支援センターでは，記録を通じてアセスメントの視点や見守りの目的を意識できるような工夫をしてきた。しかし，地域包括支援センターの意図が十分に浸透，理解されていない面があることも今回の調査から明らかになってきた。しがって，新たな取り組みを展開するというよりは，アセスメントや支援計画を明確化した見守り支援が可能になるように，現在の記録様式の意図を定着させていくような取り組みが地域包括支援センターに求められる。もちろん，記録はクライエントのニーズや環境を明

確化し，アセスメント，支援計画に役立てるという目的のほかに，2人体制であるまちの保健室の情報共有，そして地域包括支援センターとの情報共有及びスーパービジョンにも有効である。こうした記録が整備されていることで，次に指摘する事例検討も容易に行えるようになるだろう。

最後に，事例検討の必要性である。

事例検討は，まちの保健室の現在の体制（2人体制）を考えれば，問題や援助の方法を多角的にとらえるために有効であると考えられる。一般に，事例検討は援助を向上させ，援助の原則を導き出すために有効であるだけでなく，援助者と組織を育てるためにも有効であるといわれている（岩間，2005：40-41）。事例検討では，自分の考えをまとめ，言語化し，他人の意見を傾聴することを求められる。さらに，こうした場はスーパービジョンの場としても活用できる。外部のスーパーバイザーに依頼してもよいが，内部のスーパーバイザー（地域包括支援センター）の力量を高めることにもつながると考えられる。さらに，まちの保健室の場合，15地区それぞれの実践は意識的に共有しなければお互いの実践を知る機会も少なくなってしまう。組織の風通しを良くし，よい実践を他地区に普及せていく上でも事例検討は有効であるといえるだろう。

実際にこうした効果は，2010年度の事例検討会でもワーカーの間から多く聞かれていた。すでに述べた記録様式の意図なども，事例検討におけるスーパービジョンで伝えていくことが可能である。

地域包括支援センターでは，毎月1回のまちの保健室の定例会を行っているが，この会はどちらかといえば地域包括支援センターからの連絡や情報提供が主になっており，事例検討を行う場とはなっていない。毎回でなくともこうした場を活用して，事例検討を行い，まちの保健室のワーカーとして必要な視点や方法を共有していくことができるのではないかと思われる。

以上まちの保健室の見守り事例の検討を通じて，まちの保健室による見守りの①効果，②課題，③そして今後の取り組みについてまとめた。繰り返し

> ─ 今後必要な取り組み ─
> ① 地域包括支援センターとそれぞれのまちの保健室が各地域の特性を踏まえた見守り基準の検討を行うこと。
> ② 記録様式の意図を浸透させ，記録を活用しながらアセスメント，プランニングの視点を確立していくこと。
> ③ 定例会などを利用して事例検討を行い，スーパービジョンなどを通じた個々のスキルアップとともに，組織としての能力を向上していくこと。

になるが，効果，課題，今後の取り組みを考えていく場合に意識しておかなければならないことは，まちの保健室の見守りケースには法律的な「決まりごと」がないという点である。ほとんどの見守り支援の対象者に対して，介護サービス計画のような計画を立てる義務はない。最低の訪問回数も決まっていないし，これを提供できるといったリストもない。そういったあいまいな中で，誰を見守り対象者とするか，なぜ見守りが必要なのか，どういった点を見ていけばよいのか，といったアセスメント能力，それらを踏まえて支援目標を設定し，支援計画を作る能力，適切なタイミングで介入する能力などが求められる。こうした能力まで含めて各地区にすべて任せてしまうと，「なんとなくの見守り」という問題は解消されていかないだろう。かといって，すべてを地域包括支援センターで決めてしまうことは，まちの保健室がそれぞれの地域に根ざして運営されていくことを妨げてしまうだろう。

　こうしたむずかしさを認識したうえで，記録や事例検討を通じて個々の職員が地域をこえたまちの保健室版「見守り支援」の共通基盤を作ること，同時に各地域でそれを踏まえた独自の見守り基準を作っていくこと。地域福祉計画や安心生活創造事業で掲げられた名張版「見守り体制」を構築していくための今後の課題といえるだろう。

コラム8 身近な場所 まちの保健室での健康づくりや介護予防──住み慣れた地域で暮らし続けられるように

名張市地域包括支援センター保健師
森田もも
元・名張市地域包括支援センター保健師
半田公美

　まちの保健室の役割の一つとして，地域の健康づくりや介護予防の推進があります。
　まちの保健室が開設されるまでは，市全体を対象にした教室を実施することが多く，車を利用する人か開催場所の近くの人など参加できる人に限りがありました。各まちの保健室で取り組むことにより，歩いて来れる身近な人，「これぞ介護予防！」という人が参加できる教室となりました。
　まちの保健室で開催される健康教室は，健康支援室の保健師とともに，地域の特性について情報交換をし，いろいろなアイデアを出し合い，地域にとって効果的な教室を考え，実施しています。まちの保健室とともに，健康づくりや介護予防を進めていくことで，保健師が把握している地域の健康データとまちの保健室が把握している地域の質的な情報を合わせて「地域」を把握することができ，参加へのアプローチの方法や教室の内容がより具体的になりました。また，まちの保健室が口コミで普及し声かけを行うことで，それまで教室や地域の活動に参加していなかった人にも教室に参加してもらえるようになりました。日頃から顔なじみのまちの保健室が様々な情報を伝えることで，より身近な問題として感じて取り組んでもらえ，継続・発展していくことができています。そのことは，地域の主体的な活動につながっています。
　まちの保健室は日頃から民生委員や地域づくり組織関係者等と対話し，顔のみえる関係づくりを行っており，地域のいろいろな情報が入ってきます。また，日々の訪問活動や地域活動の中で潜在的ケースを発見し，早期対応することで，その人が地域で暮らし続けられるように，地域とともに継続的に見守っていくことが可能になりました。また，地域の核となれる人や特技を持っている人を見つけ，保健師とともに人材育成を行い，地域資源の開発やその人自身の健康感や役割感を引き上げ，生きがいづくりの手助けも行っています。
　〜住み慣れた地域で生活が続けられる　笑顔いっぱいの毎日　こころが動けばからだも動く〜まちの保健室が掲げているスローガンです。私たちはまちの保健室や地域とともに健康づくり・介護予防に取り組んでいきます。

第6章 実践事例から身近な総合相談窓口の機能を理解する

本章の内容

　本章では，まちの保健室の2つの実践事例を取り上げる。
　事例を取り上げるのは，具体的にどのように支援が行なわれ，総合相談の機能が発揮されているのか，事例を通して理解してもらうためである。そのため個別の援助技術より，まちの保健室の役割や機能に焦点をあてて事例を編集した。
　1つ目の事例は，まちの保健室がその支援の特徴でもある「制度につながる前」の期間をどのように支援しているかをテーマにしたものである。特に，制度につながる前のクライエントを長期間にわたり，地域の支援者とのパイプ役となりながら支援している機能に着目してほしい。
　2つ目の事例も，まちの保健室ならではの事例である。様々な生きづらさを抱えながらも特定の制度では支援できないクライエントに対し，劇的な変化はなくてもクライエントが少しずつ変化していくことを信じ，寄り添っている事例である。
　また，それぞれの事例に対して，最後に「身近な総合相談の窓口の機能」として必要な点についてコメントし，本書で明らかになった重要なポイントを改めて確認できるようにした。なお，取り上げる事例は，まちの保健室の実践事例に基づいて作成した架空のものである。

1　地域と一緒に支援する──まちの保健室の見守り事例

（1）登場人物

　本人（A），まちの保健室，民生委員，Aの長女，ボランティアグループによるサロン，地域包括支援センター，有償ボランティアグループ（地域づくり組織），配食ボランティアグループ，隣家の住人B，シルバー人材センター（軽

度生活援助事業），自治会長C，老人会長D，訪問介護事業所

（2）事例概要

約2年間，認知症の妻を介護し看取った後，一人暮らしになったA（79歳）だったが，その後，次第に物忘れなどがみられるようになり，まちの保健室に担当民生委員より相談が入る。訪問当初より，大阪に住む長女と連絡を取りながら，民生委員，近所の人，ボランティアグループによるサロンと連携しつつ，必要な支援を調整しながら見守りを継続している事例である。

A（79歳），現在一人暮らし。子どもは長女が一人で，大阪在住。地域は40年前に造成された宅地で，本人も家族とともにその時大阪から引っ越してきた。長い間，会社勤めをしてきたが，退職してからは地域活動などにも取り組み地域に顔見知りも少なくない。

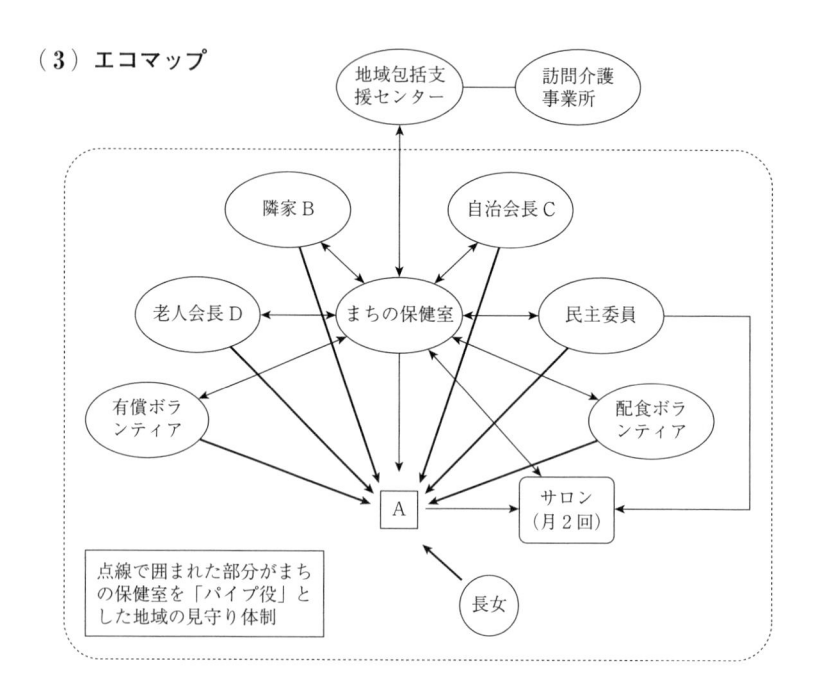

（3）エコマップ

第6章　実践事例から身近な総合相談窓口の機能を理解する

（4）支援の経過
1）見守りの依頼と初回訪問
　8月の暑い日，民生委員が公民館を訪れた際に来室し，Aの一人暮らしに不安があるとの声があり，まちの保健室（以下，まち保）でも一度訪問してほしいとの相談が入った。民生委員の話によれば，今は元気そうだが家に引きこもりがちで，これからが心配である。やり取りの中で少し物忘れを感じる時もあり，認知症も心配なため，まち保の方からも地域活動などへの参加の声かけ，見守りをしてもらえないかとのことだった。
　Aが妻を介護しているときに，まち保も見守り訪問を行っていた期間があり，Aとは顔見知りである。一人暮らしになって心配はしていたが，当時は何でも一人で行うことができ，非常に元気でもあったことからまち保の見守り訪問の必要性は低いと判断していた。Aは大丈夫だろうか。そんな思いで訪問することになった。
　「まちの保健室です」と訪問すると，Aはにこやかに迎えてくれ，「妻がいなくなってさびしくなった。お茶でも飲んでいってほしい」といってすぐに家に迎え入れてくれた。しかし，3年前に何度か訪問したことがあったにもかかわらず，まち保のワーカーの顔ははっきり覚えていないような印象であった。
　Aの住む地域は，40年前に造成された住宅地で，Aと妻も造成直後に入居した。Aは大阪でサラリーマンとして定年まで勤め，退職後は中心ではないものの地域の役職なども引き受け，まじめに取り組んできた人だ。社交的とまではいえないが地域とのつながりも比較的ある。妻は専業主婦であったが，認知症となり，Aは必死で介護してきた。もともとまじめな性格のAは，慣れない家事などをこなしながら，妻の介護に懸命に向き合ってきたことをよく知っていたので，困っていることがあれば何とか手助けしたいと思う。
　室内を観察する。それほど散らかっているとはいえず，比較的良く片づいていた。本人の衣服等も特に乱れがあるわけではない。Aはお茶を出す，と

いって台所に向かうがうまくいかないようで,「まあ,すいません」と数分で戻ってくる。歩行などに問題はなく,やり取りにも不自然な点はないが確かに認知症の疑いがあるかもしれない。家族は,大阪で暮らす一人娘がいたはずだった。一度連絡をした方が良いかもしれない。

　さりげなく食事をどうしているかなどを聞くが,「いろいろできないことが増えてきたけど,一人で大丈夫ですわ」という。台所を見るとカップラーメンが大量に積んであった。本人が買ってきたのだろうか。栄養状態も心配である。

　「一人になって家にいるばかりでテレビを見たりして過ごしています」と本人。もともと人づきあいが嫌いな人ではないはずだ。ボランティアグループが行っているサロン活動に誘うと,すんなり「それはいいですな,ぜひ行きたいですな。いつですか」と聞いてきた。チラシを机の上に置き,大きなカレンダーに〇を付けて,「元気なら行きますわ」といって笑顔をみせた。外出したり,人と会うことに意欲があるようでよかった。初回のサロンの日には連絡を入れよう。介護保険申請については,地域包括支援センター（以下,包括）,本人・長女と相談しながら,様子をみてすすめていこうと思う。

　帰り際に,家の様子を確認するが,庭木の剪定などができていないようで,玄関先の大きな木は,隣家にかぶさるように伸びていた。次回訪問時に,地域づくり組織の有償ボランティアによる庭木の剪定を提案してみようと思う。

　2）見守り体制の構築

　訪問後,民生委員に連絡し,Aの見守りをしていくことを確認した。民生委員は月に1回の定期訪問し,気づいたことがあればまち保に連絡してもらうことを確認した。また,月2回のサロンへの参加を双方で声かけし,まち保はサロンでの様子を確認していくことにした。民生委員は,「次のサロンの時には私が迎えに行きます」と言ってくれた。民生委員はいつもサロンにボランティアとして参加してくれている。心強い。

　とりあえず,包括に状況を報告し,緊急にサービス利用につなぐ必要性は

ないとしても，認知症の不安があることから，サービス面では，受診を勧めること，栄養面などでの不安から配食サービスの検討，庭木の剪定の提案，また，サロン参加など本人のつながりづくりなどを長女と連絡を取りながら検討していくという方針を確認した。

8月下旬，早速長女に連絡すると，まち保のことも覚えていてくれ，「母の時はお世話になりました」。民生委員とまち保が見守りをすることを話すと「今は特に困っていないと思うけど，年も年なので安心です。よろしくお願いします」と話す。以前からの信頼関係が生かせそうでよかった。長女は，2～3カ月に1回は訪問し，食材などを置いていっているという。物忘れのこと，認知症の受診についてさりげなく話すが，「年相応の物忘れはありそうだが，認知症ではないと思う」と話す。配食や庭木の剪定については気にはなっていたので，ぜひ進めてほしいと話した。次回訪問する際には，まち保に寄ってもらい，今後のことを相談したいと伝えた。

数日後，サロンの開催日の朝，Aに電話をかけ，サロンの開催日であること，民生委員が迎えにいくことを告げる。Aは覚えていたような，覚えていないような曖昧な返事だったが，「参加します」と元気よく返事をされた。
民生委員と開催場所である集会所に訪れ，うどんを完食，隣に座った人とも楽しそうに会話されていた。集会所は，自宅からも近く，帰りは「一人で帰れます」と帰っていかれた。歩行はしっかりしており，元気そうに見えた。外に出ること，人と話すことを生活の楽しみにしてくれるといいと思う。月2回のサロン，これからも声かけしながら見守りしていこう。

サロンに参加してから少し後の9月上旬，長女来所。包括にも参加してもらい民生委員，まち保，長女の4者で相談。
「今日会ってきたが，年相応の物忘れ程度で，認知症ではないと思う」。き

ちんとメモを取り，話を聞かれる。まじめな人柄が伝わってくる。自身は，姑の介護をしており苦労も多いという。一般論としてできるだけ早く受診することが大切だということを伝えるが,「本人が納得しないと思う」と乗り気ではない様子であった。ここであまり無理強いしてもいい関係が維持できない恐れもあり，本人も頑張って生活している。現在のところ，民生委員，まち保，長女の見守りがあれば日常生活に問題はないと思われたため，サロンでの楽しそうな様子を伝え，様子をみることにする。民生委員とまち保の見守りについては了解してもらい，今後4者で気がついたことがあれば，連絡を取り合うことを確認した。

　食事の心配もあったことから，地域のボランティアが行う週1回の配食サービスを見守りもかねて依頼することにした。自分でできるというが「週に一度くらいならありがたい」と話す。ボランティアが昼食を配食し，様子がおかしければまち保や民生委員に連絡してもらうことになっている。1回目の配食時には，午前中に訪問し，受け渡しがきちんとできているか外から確認した。本人が配食代（400円）をきちんとボランティアに渡されていた。問題なさそうでよかった。配食ボランティアにも挨拶をして帰る。週1回の見守りの目が増え，安心である。
　庭木の剪定は，地区内の地域づくり組織が行っている有償サービスに依頼することにした。会員になる必要があるが，本人，娘にも了解を得て会員になってもらった。ちょっとした家事援助などでも手伝ってもらうことがあるかもしれないので，今から会員になり見守りの輪を広げておくことは大事だと思う。
　庭木剪定の際には，まち保も立ち合った。剪定中，隣家のBが「木が気になっていたけど，すっきりしたなぁ」と話す。「Aさん，奥さんなくなって心配してたけど，あんまりこっちからいろいろ言うのもよくないと思って，時々様子を見てはいるんだけど」と話される。まち保の紹介をし，一人暮らしの

ため，今まで通り無理せず見守ってほしいこと，気になることがあれば連絡してくださいと伝える。Ｂも「わかりました」と快く引き受けてくれた。隣家の人がいろいろ気にかけてくれていることがわかってよかった。本人も「すっきりしましたな，気持ちいいですな」と満足した様子。利用料金２時間分の1,000円を支払われる。

　10月。定期訪問時やサロン参加時には，次第にいろいろな話をしてくれるようになる。まち保のワーカーの顔は覚えていてくれている。「家の掃除がしんどい」と話される。軽度生活援助事業の話をし，本人も利用してみたいと話される。民生委員，長女にもその旨連絡し，週に１回，家事援助を依頼。民生委員は，定期訪問の際に差し入れをしてくれているようで，本人も「親切な人ですな」と喜んでいた。

　民生委員の話によると，この頃はＡの了解を得て，冷蔵庫の中を見て，足りないものを購入しているとのこと。また，民生委員は本人の嗜好にも配慮し，買い物も店を選んだり，一人暮らしのＡが食べきれる量を考慮し，100gの量り売りをわざわざ50gにしてもらうなど，細やかな配慮があったことがわかる。感謝の意を伝えるとともに，困ったことがあればまち保に連絡してもらうよう繰り返し伝える。

3）変化の兆し

　月２回のサロンの際には，まち保が朝電話をし，民生委員が訪問して一緒に参加している。集会所は，目と鼻の先であり，帰りは一人で帰られる。サロンでは，特に変わった様子はなかったが，履いてきた靴を間違えて帰りそうになったことがあり，やはり物忘れが進んでいるのではないかと心配される場面もあった。

　そんな時，配食のボランティアからまち保に，弁当を届けに行ったが本人が不在のようだと連絡がある。民生委員にも連絡して訪問する。インターホンを鳴らしても不在。庭先に回り，室内を確認するが，特に変わった様子は

ない。民生委員と思案していると，本人がコンビニの買い物袋を持って帰宅。「配食？　すっかり忘れていました。すいません」。安心するが，物忘れが進行しているのではないかと心配になる。

　仕事納めの日に訪問し，正月はどうするのか尋ねると，「娘の家に行く。車で迎えに来てくれることになっている」とうれしそうに話す。カレンダーにも大きく○が付いていた。「お正月は一人だとさびしいですからな」。

　年明け早々，民生委員から定期訪問の連絡。「正月を自宅で過ごしたという。長女宅に行くと聞いていたので，びっくりした」という。年末に長女宅に行くことを楽しみにしていたので，早速，長女に電話で確認し，正月は長女宅で過ごしたことを確認した。長女は，Aが正月を長女宅で過ごしたことを忘れていることが信じられない様子で，「勘違いをしているのではないか」と話す。一度電話してみるとのこと。一つのタイミングかもしれないと考え，あらためて受診を勧めるが，「多分勘違いだと思う」とあまり乗り気ではない様子だった。

　長女から電話があり，「正月は楽しかったと話していた。特に忘れていたとは思わない。まだ元気であるし，周りに迷惑をかけているわけでもない。サービスや受診はまだよいと思う」とのこと。家族とはいえ，近くで見ている人の方がこうした場合に早く気づくことも多い。何らかのきっかけで受診を促した方がよいかもしれないと思う。包括とも相談をしたいと思う。

　2月に入ると，2回続けて配食を忘れて外出したり，いつもお札での支払いで小銭がわからなくなっているのではないかと，その都度ボランティアが連絡をしてくれる。サロンの誘いも当日朝に電話をしても忘れている様子が見られた。ほぼ同時に，Aの住む地区の自治会で認知症サポーター養成講座を受講したばかりの自治会長Cが来所し，「Aは大丈夫だろうか。散歩しているAに声をかけたら，顔見知りなのにどなたさんでしたっけ，妻が死んでさびしいので遊びに来てください，と話された。ちょっと不自然な感じがし

て心配だ」と話す。「自治会長になって，講座も受講したし，いろいろ気にかけなければと思って。気にしすぎかもしれないが」と話される。まち保や民生委員が見守りしていること伝え，気づいたことを連絡してくれたことに感謝する。これからも無理のない範囲で見守りをお願いし，何かあれば連絡してくださいと伝える。サポーター養成講座の効果がすぐに出てうれしく思う。

　また，前後して隣家のBから，前日に翌日のごみの種別を伝えるようにしているが，ごみの分別が難しくなっているようだという連絡が入る。「ちょうど今は自分が班長だから，朝も声かけするようにするが，大丈夫だろうか」。

　2月下旬。自治会長Cから，「業者らしき人が来て本人の家で作業をしていた」と連絡があった。民生委員とも連絡を取り，一緒に訪問すると「『無料で点検をしている』と説明され，家にあげると，床下の写真を見せられ，湿気で土台が腐っており，すぐに修理しないと家に住めなくなるといわれた」とのこと。不安になってお願いしたら，あっという間に作業員がやって来て，その場で工事をしてしまい，工事の終了後に120万円請求されたとのことだった。すぐに包括に連絡し，契約書があったため，包括から業者に連絡し交渉してもらうことになった。自治会長がすぐに連絡してくれてよかった。その後クーリングオフができ，ほぼ全額が返金された。そろそろいろいろなことに支障が出てきている。包括とも相談し，長女と相談していく必要があると強く感じた。

　自治会長Cは，この件がきっかけでかなり自信を持ち，悪徳商法のことについてもっと地域の人に知ってもらわなければいけないと張り切っている。自治会長Cを起点とした解決方法がとれたことで，今後の地域への働きかけにもつながりそうだと思う。

　前後して，本人が公民館での老人会の会食会に参加し，まち保にも来所した。まち保へは，妻の介護をしているときやがん検診の申し込みなどで何度

か来られているが,「はじめてきた。便利なところにあるね」と話される。生活で困っていることはないか聞くと,「さみしいが,食事は買ったもので済ませているし,娘が時々来ていろいろ買い置きしていってくれる。困っていることはない。時々草を引いてもらえれば大丈夫ですわ」と話される。本人には困っているという認識はなく,サービスのことを話しても,「そういうのはまだまだですわ」と穏やかな口調ながらも,きっぱりと断られる。いつもきちんとした格好をされていたが,やや衣服の乱れも気になった。

その後,老人会長Dから,老人会での会食会の折,「何度も席を立ったり,セーターの肘部分に大きく穴が開き,袖口もほつれている。少し気になった」と連絡がある。まち保がかかわっていることを伝えると安心してくれた。引き続き何かあれば,まち保に連絡してほしいということを伝える。色々な人がAを気にかけてくれている。みんなのパイプ役としてAを見守りたいと思う。

4）受診から介護認定へ——サービスにつなぐ

3月上旬。物忘れがだいぶ進んできており,近所の人や配食ボランティアも心配するようになってきている。ケース会議で経過を説明し,地域包括支援センターと今後の対応を協議した。地域包括支援センターからは,長女に無理に受診を勧めるよりも,状態を気づいてもらうことが大事であるとのアドバイスを受け,次回,長女が帰省時の午前中にまち保が訪問し,それを覚えていたか長女に確認してもらうことにした。

3月中旬。長女が帰省後に来所。長女が帰省する前のまち保の訪問を本人はすっかり忘れてしまっていたと話す。たまにしか会わないと気づかなかったが,よく見ると冷蔵庫に賞味期限切れのものがたまっていたり,洗濯していないと思われる衣服が大量に見つかったりしたとのこと。できるだけ早く受診したい,母と同様,必要なサービスがあれば使いたいと思うので,介護保険の申請をしたいと話す。「本人はこの家で暮らしたいといっているので

できるだけそうさせてあげたいと思う」。
　自治会長などが気にかけていることも伝え，一緒に見守りをしていくことについて理解を得る。「地域の皆さんが見ていてくれるのはありがたい」と話され了承される。

　3月下旬。サロンで本人の様子を見る。楽しく過ごされている様子。うどんを完食。特に奇異な行動や言動は見られない。話の中で「娘から，介護疲れや寂しさもあるだろうから，一度病院に行ってきたらどうかといわれた。あまり気のりはしないが，一緒に行ってもらう」と話される。本人も納得しているようでよかった。

　5月になって，長女より連絡。検査の結果，アルツハイマー型認知症と診断され，介護保険申請を勧められたので申請をしたい。内服薬を処方されたがちゃんと飲めているか心配である，見てもらえないか。認定調査の立ち合いをお願いできないか，という内容であった。受診につながったことはよかった。定期訪問時に服薬は確認することを約束し，認定調査にはついては，長女が同席するように促し，普段の状況をまち保から詳しく説明することを約束した。

　長女より連絡。要介護認定の結果は，要支援1。包括，長女，本人，まち保，民生委員でケア会議を開く。
　配食やサロンへの参加は継続しつつ，サービスが必要かどうかを検討。服薬に不安があるため，2週間に1回薬剤師に訪問してもらい服薬カレンダー，週1回のヘルパーが服薬できているかどうか確認するというプランを提示し，本人は「サービス利用は必要ない」と話していたが，長女やまち保の説得に納得され，一度試してみることに同意した。本人はまち保のことは認識しており，「いつも世話になっているし，そうしようか」と話してくれた。

また，まち保からは，自治会長，老人会長，隣家などがAを気にかけていることを伝える。長女は，「できるだけここで暮らせるようにしていきたいので，大変心強い。一度挨拶に行きたい」と話される。

5）その後の経過

　包括のケアマネジャーからは，サロンの際に様子を見守ることをまち保の役割として依頼され，ケアプランに位置づけられることになり，見守りを継続している。民生委員に加え，認知症サポーター養成講座を受けた自治会長Cが，「長女も挨拶にきてくれた。Aさんには世話になったし，長女も小さい時から知っている。せっかく講座を受けたのに，実際に役立てられなかったら意味ないやろ」と言い，「もっとたくさんの人に受けてもらわないといかんな」と張り切って見守りをしてくれており心強い。自治会からは「認知症サポーター養成講座」や悪徳商法のことをまち保から説明してほしいという依頼もあり，現在検討中である。

　本人は，今のところ，ヘルパーの利用と服薬管理で安定した生活ができている。配食も継続しており，月2回のサロンには民生委員と参加，庭の掃除等は定期的に有償ボランティアにお願いしている。長女からは，地域の皆さんに見ていてもらえるので心強い。介護をしながらで自分もしんどいが「できるだけのことはしたい」と，ほぼ毎日の電話による声かけと月1回は都合をつけて帰省をするようにしてくれている。帰りには様子を知らせにまち保に立ち寄ってくれることもある。

　Aを取り巻く見守りネットワークは，まち保を中心に隣家から自治会長，民生委員，配食ボランティア，地域のサロン，地域づくり組織の有償ボランティア，老人会と広がり，何かあればすぐに気づける体制ができていた。大阪に住む娘も協力的であり，少し時間はかかったものの納得した上での受診につながり，結果としてみれば適切な時期にサービスを導入することができた。要支援1となり，今後はケアマネジャーが中心となって支援していくことになるが，まち保としてもケアプランに位置づけられた役割を果たし，で

第6章　実践事例から身近な総合相談窓口の機能を理解する

きるだけAが地域で暮らし続けていけるように支援していきたい。また，自治会長が今回のAに対する支援をきっかけに，認知症サポーター養成講座や悪徳商法への取り組みに大変興味を持ってくれた。これをきっかけにし，地域での取り組みにつながることができないかについても考えていきたい。

―― コメント――身近な相談窓口とワーカーの役割りと機能 ――

　事例を通じて身近な総合相談窓口の機能や役割を理解していただくために，これまで検討してきた身近な総合相談窓口の機能（第3章）と見守りにおける専門職の役割（第5章）という視点からこの事例を読みといてみたいと思います。

1）身近な相談窓口の機能という視点から

　まず，まちの保健室は「安心して相談できる地域の情報拠点」として役割を果たしていることがわかります。事例では「民生委員，家族，老人会やサロン，配食サービス，隣人や自治会長」といった本人を取り巻く様々な人からの情報がまちの保健室に集まってきていることがわかります。そもそも，元気な段階で民生委員が相談をしてくれたことで，早いうちから関係をつくれている点も，日頃からの関係と気軽に相談できるというまちの保健室の「らしさ」の賜物です。

　もちろん，単に情報が集まってきているだけではなく，地域包括支援センターと連携しながら，特に遠方に住む家族（長女）と地域の「パイプ役」になっている点にも注目してください。長女に地域の見守りのことを伝え，結果的に長女が地域とつながることを支援できました。支援者や社会資源をつなぐだけでなく，家族と地域をつなぐパイプ役になることも地域や家族の役割を引き出すために重要な点だといえます。

　「長期のかかわり」についてはどうでしょうか。この事例では，制度につながるまでの約9カ月間のかかわりの中で，変化のタイミングをとらえ，サービスにつなぐことができました。もちろん，これは配食サービスのボランティアや自治会長，隣家の人などがまちの保健室をパイプ役として認知していたため，適切なタイミングを判断するための「小さな変化」をとらえることが可能になっていることが大きな要因です。

　「地域とのかかわり」については，サロン活動や，配食サービス，有償サービスといった地域の社会資源を本人の状況に合わせてつなぐことができ，地域の人と一緒に見守りを展開できています。このケースの場合は，「人付き合いの嫌いな人ではなかった」ということを知っていたので，すぐに地域につなぐ提案ができました。一方，こうした個別のケースから，地域支援のきっかけをつかもうとし

179

ている点に注目してください。特に，悪徳商法の問題が自治会長を起点に解決できたことは，今後の地域支援につながるチャンスです。このようなケースを通じた住民の「気づき」も積極的にキャッチしていくことで，今後の地域支援につなげていくという視点をもつことが重要です。サポーター養成講座も，開催した回数ではなく，事例にあるような「実際の動き」が出てくるように働きかけることが重要なのです。この事例では，自治会単位での悪徳商法の防止や認知症サポーター養成講座の取り組みにつなげていくことができそうです。地域の力を活用するだけでなく，地域支援の視点を持ってチャンスになるような機会を逃さないようにしたいものです。

２）見守りにおける専門職の役割という視点から

次に，事例から見守りにおける専門職の視点（第5章参照）について考えてみます。

見守りの開始は，民生委員からの相談でした。初回訪問では，本人の日常生活の状況に着目し，隣家に伸びる木のことなど，地域との関係にも配慮した視点でアセスメントを行っています。

見守り開始後は，すでにみたようにパイプ役となり，見守りの輪を徐々に広げるだけでなく，常に「まちの保健室に連絡をしてもらう」ということを意識し，「矢印（→）」が専門職に向くような「体制」を意識して構築できています。このように，見守りの輪を広げるだけでなく，「役割分担」を明確にしておくことが「パイプ役」としての専門職の重要な役割です。個人情報など難しい問題があることは事実ですが，「見守っている人はたくさんいる」という状態を「体制」としていくことが専門職の重要な役割だといえます。また，見守り体制という意味では，できるだけ遠方の家族とも連携を取り，制度を利用するまではまちの保健室がパイプ役になることを理解してもらうことが重要です。もちろん，この事例のようにすぐによい関係が築ける事例ばかりではありませんが，専門職がかかわっていることで遠方の家族にも安心感を与えることができるはずです。

こうした体制ができているおかげで，配食のボランティアは本人が不在であるとすぐ連絡をしてくれ，ごみ出しができていないことを隣家の人が伝えてくれるようになっています。こうした積み重ねによって，緊急時などにすぐ対応できるようになっていきます。また，見守っている人にとってもどこに連絡すればよいかわかっていた方が何かあった時にどうすればよいかわかり，安心なのです。

最終的には介護保険サービスにつなぐことになりましたが，この事例では，介護保険サービスが導入されてもケアプランに位置づけられたまちの保健室が見守

りを継続していくことになっています。サービスが導入されても，これまで同様の見守りの輪がAを見守っていけるように，今後は介護支援専門員と連携しながら支援していくことが重要になります。

2 孤独と向き合いながら生きる──緩やかな見守りと関係づくり

(1) 登場人物

本人H，Hの妹，地域包括支援センター，まちの保健室，民生委員，シルバー人材センター（軽度生活援助事業），総合福祉センター（老人福祉センター），N（同居人），区長，公民館長，社会福祉協議会，地域のサロン，精神科クリニック

(2) 事例概要

転居して一人暮らしとなり，H（70歳）を不安に思った妹から地域包括支援センターに相談が入り，見守りを行うことになった。大きな喪失と淋しさ，葛藤を抱えながら地域で暮らすHは，次第にそうした感情をまちの保健室で表現するようになっていく。Hが暮らすアパートは，昔ながらの町並みが残り，地域のつながりや人情が残る地域で，サロン活動も盛んである。まちの保健室がパイプ役となり，地域の区長や民生委員との連携ができたことで，それぞれの立場でHに必要なアプローチをゆっくりと形成してきた事例である。

また，劇的な変化はないものの，制度や行政に対する不満を常に漏らしていたHが，時間が経つにつれ「軽度生活援助事業を利用しよう」「メンタルを受診したい」と自分に必要なことを自ら選ぶようになる。浮き沈みのパターンを繰り返しながら，長い年月の間に少しずつだが「人の世話はしてきたが，人の世話にはなっていない」と言っていたHの気持ちに変化がみられるようになっている。

（3）エコマップ

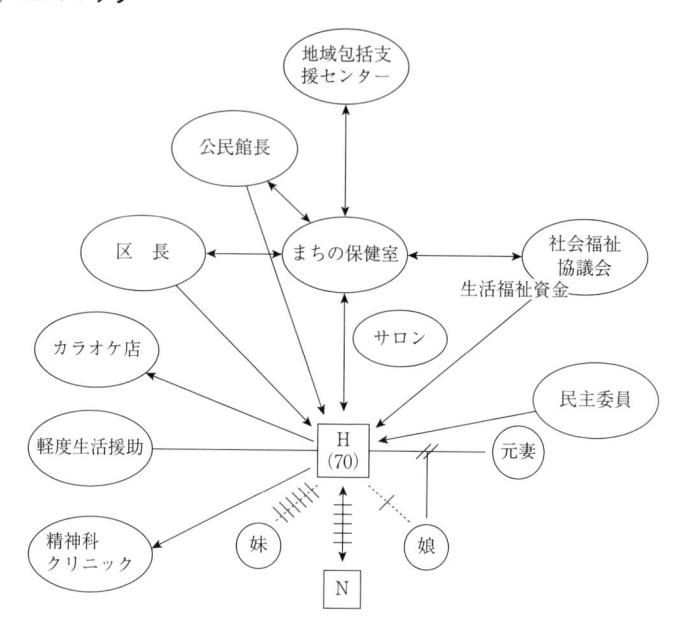

（4）支援の経過

1）初めての訪問

　寒さの厳しい2月の下旬，Hの妹から「兄（H）が離婚して名張に転居してきた。一人暮らしであり生活状況が心配」との相談が地域包括支援センター（以下，包括）に入る。包括の話では，妹は市内在住だが，あまり兄とはかかわりたくないといった感じだったという。昔ながらの街並み，古いアパートも立ち並ぶ環境の中ではあるが，転居後間もないとあってどの程度地域の人とかかわりがあるだろうか。そんなことを考えながらH宅を訪問することになる。

　ドアを叩く。静かに戸が開いた。僅かに10cmほど。地域の担当者である事を伝え案内を渡す。スウェット上下姿，本人と顔を合わせると手で髪を直す。

穏やかな表情でありちょっとホッとした。室内の様子は見ることができなかった。生活状況がわからず，本人に時々訪問させていただきたいと伝え，了解を得て失礼する。

約3週間後，訪問する。玄関の扉を全開に開けてくれる。ポロシャツにズボン姿であったが，洗濯はされていない様子であり，髪の毛はボサボサで床にはゴミが散乱していた。体調の確認をすると「気持ちがしんどい」とのこと。食事を作っていない様子であり配食サービスのことを伝えるが「自分で買いに行けるから」とのこと。歩いて行ける範囲の店舗には出かけていることが分かり安心する。初めて訪問した時より少し近づけたような気がした。

2）来 所

初めてHに会ってから2カ月も経たない5月中旬に本人がまちの保健室（以下，まち保）にやって来た。髪はさっぱりスポーツ刈り，ジャンパーを着用，スリッパ姿。行政や制度に対する不満を次々に話す。かなり制度には詳しい様子。Hの話を傾聴する。体調の確認をすると「病院には行ったことがない」とのことだった。さらにHの方から大阪に元妻と子どもがいることを話してくれた。そして「自殺願望がある」とポツリと話される。私たちが存在を受け止められる存在であることを伝えなければと思う。話しているうちに「一人でいると考えてしまう。まち保に来てよかった」と笑顔がみられた。「さみしさでついついお酒を飲んでしまう」と当日もアルコールを飲用しているようであり，本人の心からの声，思いをもう少し聞く必要があると思った。その後，週に2～3回と頻繁に来所するようになる。毎回アルコールを飲用しての来所である。「最期まで一緒にいてくれる人が欲しい」「家の中はえらいことになっており片づけてくれる人が欲しい」そんな声を聴くことが多くなった。当面は本人の感情を受け止め，市の高齢者施策でHの生活を支えられるものもあるが，もう少し様子をみてから提案してみようと考えた。日によっては，言葉荒々しく制度に対する不満を話しており，何かに対する憤りのようなものを感じた。ある日，自分が読んでいる本を持参。死に向き合う

内容のもので，本の内容をとつとつと話してくれた。少しでもアルコールを飲まずに済むようにと近隣の図書館に行くことが多いと聞いた。本人も色々と考えながら生活されていることがわかる。

来所しないことが続くと，どうしているのかと気になり訪問し，不在の時はメモを投函していつでも受け止める用意があることを伝えようとした。メモを投函すると翌日には来所してくれ，日常あったことなどを話してくれるようになった。服装の乱れが気になるようになり，地域の民生委員にも声かけをして，日頃何か気になる事があれば連絡して欲しいことを伝えた。

3）「死にたい」とのSOS

暑さが厳しい7月下旬の朝，3週間ほど来所がなくどうしているかと考えていた矢先に包括から「本人から死にたいとの電話が入ったので，自宅に様子を見に行って欲しい」との連絡が入った。何かHに起こったと直感で感じた。とりあえず，Hの携帯に電話してみる。「はい」と元気がない。すぐに訪問させていただくことを伝え自宅に向かった。自宅に到着し声かけするがなかなか出てこない。しばらくして「ちょっと待って」とか弱い声での返事。目の前に現れたHは全く別人のようで驚く。頬はこけて，ひげは伸びたまま，なんといっても生気がない。包括に即座に連絡。緊急対応として，①冷蔵庫内の確認，②水分補給，③近隣医への受診を勧めるという指示を受け，身体状況を確認しながら話を聞く。うなだれて元気がなかったが，静かに話はじめる。「川に入り自殺をはかったが死にきれずに河原で数時間過ごし，徒歩で自宅まで戻った。その後，4～5日前からは食事を摂らず，塩水で過ごしていた」。確かに冷蔵庫内には食べられそうなものは何もなかった。「2カ月間，台所は触っていない」とH。受診を勧めるが，なかなか首を縦に振らない。誰かに助けてもらわないといけない状態である事を何度も伝え，なんとか連絡先を聞くことができた。「妻や子ども達には連絡できないので妹に電話して欲しい」との希望。連絡がつき本人の身体状況を伝えるが「数日前にお金がないと言っていたので心配していたが，何度も同じことの繰り返し。

第6章　実践事例から身近な総合相談窓口の機能を理解する

自業自得であり仕方ない」との言葉。その言葉を本人に伝えることはできず，とりあえず受診が必要なので様子を見に来て欲しいことを妹に伝えると「夫にも連絡しますので」と一旦電話を切った。その後，妹から「昼休みになったら夫とそちらに行きます」との連絡が入り，その旨をHに伝えた。するとHは妹に連絡がつけば自分からは連絡できない元妻がHに連絡してくれると思っていた様子であり，そのことが叶わないと分かり，落胆の様子がうかがえた。親族が到着するまでの間，声かけしながら髭剃り，数日入浴していない様子であり体臭もあったため身体の状態を把握するために清拭をしてもらう。身体に外傷はなく，温かいタオルを肩にかけると「身体が溶けるような気がする」と安堵の表情がみられた。ここ数日間でかなり衰弱しているのがわかり，受診するよう声かけをする。座位保持が辛い様子であり横になってもらうことにする。お昼が近くになるにつれ「妹夫婦に怒られる」と落ち着きがなくなる。妹夫婦が到着し「死にたいのに病院へ行ってどうする」と妹が言葉を浴びせる。これまで積み重ねてきた関係が感じられる心が痛くなる言葉であった。妹夫婦にこれまでのかかわりと訪問時の状況を再度説明した。なんとか妹夫婦が付き添って受診してもらえることになった。終始Hはうつむきかげんで言葉少なく，ようやく近隣の病院に歩いていくことができた。近隣医より総合病院への受診を勧められ，妹夫婦がついてくれるということで，一旦Hと妹夫婦とともに総合病院に同行し，時間がかかるということで妹夫婦にHのことをお願いして帰ることにした。Hは翌日の朝，点滴を済ませ自宅に戻っていると妹より電話が入った。緊急時の連絡先として妹夫婦のところに連絡させてもらってもよいかと確認するが，「命にかかわるようなこと以外はかかわりたくない。連絡先は教えたくない」と断られてしまった。可能であれば妹とも話をしこれまでの家族間の様々な積み重ねも解きほぐしていきたい。

　Hの体調確認のため，電話を入れてみたがつながらず，数日後には「現在使われていません」とメッセージが流れ，大丈夫なのか心配になる。訪問す

るが不在。メモを投函するが，まち保への来所はなく包括に指示を仰ぐ。1週間待っても来所がなく，再度訪問する。窓が全開の状態で声をかけると出てきてくれた。アルコールを飲用していないのか，とても穏やかな表情。少し痩せた感じがしたが，食事はコンビニで購入して食べているので大丈夫とのこと。室内には食べた容器が散乱していたので，食べているのは間違いと確認。以前，片づけして欲しいと言っていたことを思い出し軽度生活援助事業の話をするが，「お金がかかるから」と，年金が入り必要だと思ったらまち保に行きますと言ってくれたので待つことにする。所持金などはわからず，年金が入るまでの1週間無事に過ごしてくれることを祈るのみだった。

　来所がないまま数日間が過ぎた。心配ではあるが，「必要なら行く」と言ってくれたHの気持ちを考えて少し待つことにした。携帯電話に連絡すると「現在使われていません」のメッセージ。大丈夫だろうか。総合福祉センターへ行けば，もしかしたら会えるかもしれないと思い足を運んだ（総合福祉センターには老人福祉センターが併設されており入浴もできる）。Hには会えなかったが，職員に話を聞きHが老人福祉センターに来て入浴もしていることがわかり安心した。その後，少しふっくらとした本人に会うことができて少しずつ心も身体も落ち着いてきているように感じた。老人福祉センターの職員に今後もHの様子を確認してもらい，少し距離をおいて見守りすることにした。

4）同居人Nとの出会い

　11月の下旬，珍しくHから電話が入る。いつも通り世の中のこと，制度に対する不満を話した後に大阪まで行き映画を観て来たと話す。「1日2,000円の生活。年金は月に11～12万円ある。家賃は3万円」と初めてお金の話を本人から聞くことができた。お金がないと以前困っていたことがあったが，何とか生活できる収入がある事が分かった。話をしているうちに「大変な人がいる」と本人から相談があった。具体的にどんな人なのかは話してくれず，包括にも連絡を取り詳しく話を聞ける機会を待った。

　翌日，Hが来所。どうやら二人で生活しているらしい。来所時の所持金は

第6章 実践事例から身近な総合相談窓口の機能を理解する

1万4,000円。年金までは半月以上あるのに，大丈夫だろうか。日頃，何にどれくらいお金がかかっているかHに確認しながら封筒に仕分けしてみることにした。Hの困った人を放っておけない優しさが伝わってくるが，自分の生活が困窮してまで支援し続けようとする気持ちはどこから生まれてくるのだろうと考えた。その後，食欲がない，夜間眠れないという訴えで来所することが多くなった。同居人Nのことで頭がいっぱいで心を悩ませているようだった。とりあえず，包括や生活支援室（生活保護の相談ができる窓口，以下，生保）に連絡をとりながら，同居人Nが直接市役所に相談に行ってもらえるようにHに何度も話をした。封筒に分けたお金は上手く使えていないようで，あちらこちらの封筒から出して使ってあった。金銭管理ができないのだろうか。年金支給日までほぼ毎日，1時間程度来所しては「お金がない，食欲がない」との訴えを時には涙を流しながら繰り返し話す。その都度，何ができるわけでもなく，本人が話をすることで少しでも淋しさが紛れればと話を聞いた。その後，安否確認のため，Hに電話することもあったが，この頃から携帯電話の支払いができていなかったのか，つながらなくなった。

　年金が入り少し落ち着きを取り戻した3日後に来所。隣人から大根と白菜をもらったと嬉しそうに話してくれた。近隣との付き合いもあるようで良かった。「来年の夢を何か書いてみる」とH。前向きな言葉が出てきたことに変化の兆しを感じほっとする。

　しかし，数日後，近所で転倒したと杖を使用し来所する。左膝を痛めた様子だった。同居人Nが市役所に相談に行ったとHから話を聞く。冗談を言ったかと思うと急に涙を流す，そんな不安定な状態であった。1日に2回来所した日があった。2回目に来所した時にはアルコールを多飲していたのか，足元がフラフラとしており不安定であった。「自分の目標がない」「目標のカレンダーを作って欲しい」「生きた証を残したい」と取り留めもない話が続き，精神的に不安定な状態に戻っていた。

　朝出勤すると，Hの近隣に住む市役所職員から「今朝，7時位から大声で

叫んでいた。ボケ！　あほ！　等の暴言で怖くて家から外に出られなかった。とりあえず区長に連絡し来てもらった。自宅に行ってもらい話を聞いてもらっている」との連絡を受ける。同居人Nと何かもめごとがあったのか。包括の指示を受けて，Hの話を聞いてくれた区長に連絡を取ることにした。「民生委員にも連絡をとり一緒に話を聞いた。一緒にまち保にうかがいます」とすぐにまち保に来ていただけることになった。区長，民生委員，包括職員，まち保職員とで今後の支援方法について話し合う事ができた。区長からは「Hは2年程前に転居してきた。70歳とHから聞いている。ある男性と共同生活しており，何かあると大声を出している。『あれだけ面倒みてやったのに，なんだ！　あいつを呼べ！』と色々と不満がある様子だった」とのこと。家主へHの状況を伝えておこうかとの区長からの意見があったが，包括職員から地域からの声かけはHにとって安心感にもつながり必要なことではあるが，家主に伝えることでHを追いつめかねないと提案があり，結果として家主には伝えず，民生委員など，地域での声かけの際には今後一人では訪問せず複数でいくこととなった。今回，まち保に連絡してくれた市役所職員の名前はHに明かさないで欲しいとの区長から申し出があり，連絡してくれたことに感謝するとともにHには明かさない約束をし，職員にもお礼と今後何か気になる事があった時には，教えてもらえるようにお願いした。

　Hはそんな話し合いの場が持たれているとは知らず，翌日「年末の挨拶に来た」と来所。「今朝，区長の家に行った。いい人や。同居していたNは昨日転居した。昨日の朝のことは覚えていない」とH。淋しそうな表情で，同居人Nの心配をしていた。帰った後，区長にHがまち保に来てくれたことを伝えると「自宅に謝罪に来てくれた。もう大丈夫でしょう」と温かい言葉。地域のつながりが持てたことで，支援の輪が広がった。Hが地域で暮らしていくためには，ちょっとした声かけや見守りが大きな力となっているのを感じた。

第6章　実践事例から身近な総合相談窓口の機能を理解する

5）出直し

　新年が明けて仕事始めの日，Hが「いのちについて」という原稿を持参し来所。「何か始めたい」と前向き。左膝が腫れており，痛みがあるのかかばうように歩行しており，受診の声かけをするが「そのうち行く」といく気はなさそう。

　4月に入り認知症サポーター養成講座に関心がある様子がみられた。「自分は認知症だ」と言いながらも「自分もサポーターになれるだろうか。講習会があったらお酒を飲まずに参加したい」と人のために何かをしたいという気持ちが伝わってきた。「心の安らぐ場所，まち保以外に2カ所ある」とH。Hの思いを受け止め，居場所となっていることが今は大切だと思う。そんな中，Hから「部屋の片づけを少しずつ始めた」「〇〇コーラスに行ってきた」などと聞くようになり，意欲的に生活が送れるようになってきているのを感じ，そのことを支持するように努めた。何か表現したいという気持ちが高まってきたのか6月に入ると「絵を描きたい」とH。数回，まち保へも絵を描いて持参してくれた。月に1回立ち寄るサロンへも昼食を兼ねて誘ってみると，「一緒に行きたい」と参加。おにぎり2個を完食し「愛情のこもった料理，おいしかった」と表情も明るく楽しんでいる様子であった。まち保へは週に2～3回来所する事が続き，公民館の館長とも世間話ができる関係が生まれ，生活も少しずつ落ち着いてきているように感じた。

　その後，来所が2カ月ほどなく，様子は老人福祉センターで確認できていたものの1年前の夏に体調を崩したこともあったので，包括に相談。ケース検討会議でも話し合いを持ち，訪問することにした。訪問して声をかけるとすぐに返事が返ってきた。シャツとズボン姿。目も腫れぼったい感じで，腕が少し浮腫気味。アルコールは飲用していない様子だった。「数日前，しんどかった。今日は近くの店舗まで行ってきた。涼しくなったらまち保にいく」とH。部屋の中のビールの空き缶などが散乱しており，何に対してしんどかったのだろうと思う。急に来所も減ったので，何かあったのかもしれな

い。そんなことを考えながら、受診を勧めるが、行こうという気持ちはみられなかった。

まち保がＨ宅に訪問したことでＨがまち保へ来所する日が続いた。連日「１時になったらいくところがある。待たせて欲しい」とＨ。どうやらカラオケに行っているようで、嬉しそうにカラオケ店でのことを話してくれるようになった。連日通っているようで、所持金は大丈夫なのか声かけする。「計画的に使わな」とＨ。日中は低料金（1,000円）で利用できることも分かり、上手く利用してくれたらと様子を見守ることにした。

6）お金がない

Ｈが自ら市役所の包括へ相談に行ったのは、９月の中旬。「お金がない。お金を貸して欲しい。６万円落とした。家賃支払いを待ってもらう」とＨ。社会福祉協議会（以下、社協）でお金が上限３万円借りられること、そのためには地区担当の民生委員に書いてもらう書類がある事を包括職員が説明すると「そんなん頼むんだったら死ぬ！」と息巻いたとの事。本人から戸籍を見たいと希望があり、家族がいないことを確認していたという。Ｈが社協へ相談に行ったら、包括とまち保に連絡が入るようにお願いしたと包括職員から連絡が入った。その後、社協の担当者からＨが社協の窓口に来ているとまち保に連絡が入り、ここ最近の来所した際の様子を担当者に伝えた。社協とＨとの話の中でまち保職員の名前が出て、今回Ｈが社協にお金のことで相談していることもまち保へは伝えてもいいとのことであった。

翌日、Ｈがまち保に来所。「民生委員のところに行って借り入れの書類を書いてもらった。成年後見制度を考えている」とＨ。意外にもあっさりと民生委員に書類の依頼をしていたことに驚いたが、自分のことを民生委員に知ってもらうことができた安心からなのかＨの表情は穏やかなものだった。数日後、無事に社協の窓口で手続きが済みＨは３万円を借り入れることができたと社協の担当者から連絡が入った。Ｈからは成年後見制度の話があったが、今すぐに必要な状況ではなく、今後まち保に相談があった時には社協につな

いで欲しいとの申し出があった。老人福祉センターを利用していることを確認し、そっと本人の動向を見守る事にした。

　年金支給日、しばらくまち保への来所がなかったため、老人福祉センターへ出向いた。Hは入浴を済ませ、私たちがいることがわかると少し照れくさそうな表情で近づいてきてくれたが、いつもの元気がない。「年金が入ったからお金の心配はない」「カラオケ店へは今までほど行っていない」「お金の管理が自分でできない」とH。口数は少なく、うつむきかげんで静かに話す。「後見人をつけてもらいたい」とお金の管理のことに不安がある様子だった。まち保へもまた来てほしいことを伝えた。

　1カ月程経ち、再びまち保にHが来所。最近本をよく読んでいるようであったが、「1頁読むのにも涙が出てきて進まない」と自問自答しながら本の中に自分を映し出しているようだった。「まち保以外、ばかな話できるところはない」と急にハイテンションになったかと思うと、静かになり感情の浮き沈みが感じられた。「俺は世間には迷惑はかけていない。人の世話はしてきたが、人の世話になった事はない」と何度も語りかけるH。目つきは鋭く、心の叫びをいつになく感じた。1カ月程、老人福祉センターの利用、入浴もしていないことが数日後に分かり、Hの気持ちが不安定な状態へと変化しつつあるのを感じた。

7）浮き沈みの中で

　冬の寒さが身に染みる12月、世間はどことなく気ぜわしくHにとっては心淋しくなる季節でもある。そんなある日、包括職員からHが市の窓口に来たと連絡が入る。「自分は鬱だ。受診したい」「自宅はゴミ屋敷であり、一度見に来てほしい」「心から話せる友が欲しい」とHから話があったという。包括職員からはHからメンタル受診の希望があったので、その連絡先を伝えておいたことと入浴もできていない様子だったがお金は持っているようなので心配いらないと報告を受けた。包括職員にはH宅訪問時の部屋の様子と受診は何度も勧めているが、本人の意向でまだ受診できていないこと等、最近の状

況を伝えた。きっと，まち保へも来てくれるだろうと待っていると，夕方になってＨがやってきた。

「自分は鬱である。気持ちがふらっとまち保へきた」とＨ。アルコール多飲で，かなりふらふらした状態であったが，まち保へ足が向いてくれて良かったと感じた。久しぶりに見るＨの痛い痛しい表情だった。「飲まずにはおれない理由がある」と淋しさが募り，食事が喉を通らないという最近の状況を話してくれた。「年金までの約２週間は１万円で生活しないといけない」と，お金の心配もあるようだった。９月にもお金のことでＨの精神状態が不安定になったことを思い出し，Ｈがどうしていきたいのか話を聞くことにした。「メンタル受診したい」という気持ちが強いことが分かった。家族のことで悩んでいるのか，具体的にＨから話を聞くことができなかったが，漠然とした不安や淋しさがあり生きていて辛いと感じていることは十分に伝わってきた。数日後に来所した時には，Ｈの表情は明るく，何もないように振舞っていたが，「心の中，空っぽ」と淋しさを隠しているようだった。

その後12月分の年金が入り，お金の心配はなくなり少し気持ちも落ち着いたのかまち保への来所はなく，老人福祉センターも利用していないようであった。年末年始を無事に過ごせることを願った。

Ｈにかかわるようになってから２度目のお正月。Ｈは一人，どんな１年の始まりを迎えているだろう。今年は何か目標を持てているだろうか。Ｈには12月上旬に会ったのを最後に会えていない。この１年間にあった色々な出来事を思い出しながらＨ宅へ向かった。

訪問するがＨは不在。でも，出かけるだけの元気があるならいいかと考え，いつもの通り不在メモを入れて帰ってきた。数日後，Ｈが少し興奮気味で来所した。アルコール多飲で，昨晩テレビで放映されていた「無縁死」のことや自分の戸籍のことなど勢いよく息つく間もないぐらいに話を続けた。昨年９月にＨが包括に相談した時に自分の戸籍を確認していたと職員から聞いていたが，Ｈの話から自分の戸籍から子どもたちが除籍になっていることをそ

第6章　実践事例から身近な総合相談窓口の機能を理解する

の時に知ったことがわかった。ようやく心の中にしまっておいた思いを自分から人に話せるようになったことで，吹っ切れたのか時折冗談を言っては大きな声で笑っていた。しかし，身体状況を気づかい受診を勧めると話題をそらして自分の話に戻ってしまった。

　その後も月に1～2回程度，Hはまち保に来所。Hから「夜間眠れない」との訴えを聞くことが多くなった。また何か悩んでいるのだろうか。Hがまち保に来所した際に，職員が不在になることが何度かあったが，Hが公民館のロビーで私たちの帰りを待っている間に公民館の館長や職員がさりげなく様子を確認し，声をかけて話を聞いてくれるようになった。Hの存在を受け入れてくれる人が増えて，少しずつつながりが持てるようになっていくのを感じ，嬉しくなった。

　ある日Hがまち保に来所した際に，以前体調を崩した時にまち保の職員がHにどのように対応したのかを淡々と話し始めた。「あの時，タオルを電子レンジでチンして顔と背中を拭いてくれた。誰がしてくれる？　そんなこと。気持ちがすっとした。もう死のうという気持ちはなくなったんや。その時のことがふっと浮かんでくるから」とHの口から思いがけず死のうという気持ちがなくなったという言葉を聞くことができた。

　気持ちのよい五月晴れの日，Hは左眼に皮下出血，少しやつれた感じでまち保に来所。どうしたのかと尋ねると「2週間ほど前に老人福祉センターの近くで転倒した」とのことだった。40分ほどHから話を聞いたがお昼時間になったので，以前Hと一緒に行ったサロンに誘ってみた。Hはためらう様子もなく一緒に行きたいとサロンへ向かった。足に痛みがある様子で歩行も不安定，座敷に座る事は辛く，地域の方たちが座っているテーブル席で会食した。おにぎり2個を完食した。「たわいもない事，冗談を話せることが嬉しい」とH。食事の後に，Hはまち保に立ち寄りたい様子であったが，すでに40分程度Hから話を聞いており，まち保に依存しすぎてはいけないなと考え，Hにこれから立ち寄りたいところがあるのでと伝え笑顔で別れた。カラオケ

193

店に行くのか駅方向に向かう後ろ姿はどこか淋しげだったが，常に誰かが傍にいることのできない現状を考えると，Hに対し一人の時間の過ごし方も考えてかかわっていくことが必要だと感じた。

　少しずつ左眼の皮下出血の跡も消えていき，梅雨のうっとうしさを感じる6月下旬，Hは髪を短髪にし「出直し」と言い来所した。夜間眠れないとの訴えは続いており，「夢がないから駄目だ」と弱気になることもあったが，まち保から帰る時には活気も戻り，「また，来る」と帰って行った。5月に転倒して以来，Hの歩行は不安定であり，引きずるような感じであったため，根気よく受診の声かけを続けた。しかし，相変わらず受診しようとはしない。公民館の館長からも「さっきHと話をしたが，随分以前に比べて弱ってきたな」と身体的な変化が見てわかる状況であった。

8）支援の広がり

　その後もHは「お金がない」ことが理由で精神的に不安定な状態になることがしばしばあった。しんどいと警察に自分から出向き救急搬送され，親戚とのかかわりを持つこともあった。その度に「出直し」と言っては，まち保に来所して自分の思いを語るH。Hがまち保を来所する機会が減り，訪問しても会えない日が続いたため包括に相談しながら立ち入り調査目前まで行ったこともあった。その後，地域の方からゴミや火の不始末のことで心配であるとの連絡が区長に入ることになり，ようやく市の高齢者施策である軽度生活援助支援の申請をすることになった。見守り訪問を始めてから3年半後のことである。Hの寝室は酒のパックや弁当の空き容器が山積み状態であったが，軽度生活援助事業により半年ほどかけて片づけていくことになった。「こんなことでお恥ずかしい」とHは笑いながらも，月に1回シルバー人材センターから2人の女性支援者が来てくれることになり，Hはその女性支援者に心を少しずつ許して話をすることを楽しみに待つようになっていた。電話のないH宅に訪問の支援を入れるのは大丈夫だろうかと考えていたが，Hは自らシルバー人材センターの事務所のある老人福祉センターへ出向き，担当者

と約束をするなど積極的にかかわってくれた。まち保も担当者との連絡を取るようにし，Hの様子を聞かせてもらうことができた。

　9月に入ると週に1回，老人福祉センターで実施されている体操にも参加するようになるなど，生活が落ち着いてきているように感じたが，お金がないことでHの心は不安定な状態であった。「家庭の崩壊は子どもに悪影響や。全てが狂ってしまった。杖になってほしい。自分にはいろんな杖が必要なんや。生保の人は10万円くらいで生活している。俺もボーダーや。カツカツで生活してんのや」と心の内を打ち明けてくれることもあった。Hからは度々生活保護者の話が出ることがあり，自分の生活が被保護者とそれほど変わりないことへの不満を漏らすことが多かった。「精神的なこと。不安定なのをみんなどないに解消しているんやろ」とH。一度病院へ行って先生に話を聞いてもらう方法もある事を伝えると「行く」と二つ返事で受診に対して前向きだった。包括にもHの意向を伝えた。

　そして，同時期に生活福祉資金の借り入れが3度目となる。お金の使い方が上手くできずHから社協の日常生活自立支援事業利用の希望もあり，担当者と包括職員を交えて話し合う機会があった。話し合いの結果，自分でできることをしていこうということになり，事業は使わないことになった。その代わり「現況と予定」とHが自分で書いた残金のメモを見せてくれるようになった。日記のような文章で「全体的に使いすぎですよ」と誰かが自分に言い聞かせるような内容であった。Hが書いたものを見せてもらった時には，上手くお金が使えていることを確認し，次の年金までなんとか頑張れるよう声かけを行った。民生委員の働きかけで，地域のボランティアが作っているお弁当も頼めるようになった。少しずつ支援の輪が広がるのを感じた。

　11月下旬には，包括職員，まち保職員と初めてメンタル受診に行くことになった。待ち合わせ時間よりかなり早めに病院に到着していたH。アルコールはいつも通り飲んでの受診。受診の数日前に，お金がなく元妻のところにお金を借りに行ってきたことや，同日，街中で転倒して救急搬送されて妹が

駆けつけてくれたことなどを話してくれた。

　9）振り返り

　　Hの見守りを依頼されてから4年半の年月が過ぎようとしている。転居して一人暮らしとなり，淋しさとの葛藤の中，Hの身の回りに起きた様々な出来事。その状況に一喜一憂するHに対しまち保職員として臨機応変に対応できたであろうかと振り返る。Hは何か本当に困ったことが起きた時には「困った。助けて欲しい」と発信してくれた。そのお陰で地域や関連機関との連絡が取れ，自然な形での見守り体制を構築できたのである。まち保がHとのつなぎ役として地域の区長や民生委員との連携ができたことで，それぞれの立場でHに必要なアプローチができたのではないだろうか。まち保職員としてHに必要と感じていることが，Hのニーズに沿わないこともきっとあったに違いない。それでもHは「どうしたらいいのか」という問いかけを続けてくれ，私たちからもHに必要だと考えることを提案し続けてきた。制度や行政に対する不満を常に漏らしていたHが，時間が経つにつれ「軽度生活援助事業を利用しよう」「メンタルを受診したい」と自分に必要なことを自ら選ぶようになった。長い年月の間に少しずつだが「人の世話はしてきたが，人の世話にはなっていない」と言っていたHの気持ちに変化があったように感じている。

　孤独と向き合いながら生きているH。一度は命を絶とうとしたこともあったHが，なんとか生きる力を取り戻して住み慣れた地域で暮らすことができた陰には，地域の温かい支えがあった。そして，まち保がHの人生にそっと寄り添いHの心の声を聞くことで，穏やかな見守りと関係づくりができたのではないかと考える。

第6章　実践事例から身近な総合相談窓口の機能を理解する

── コメント──ぼちぼち歩む，歩みを支える ──

　孤独と向き合いながら暮らす本人を4年半にわたり見守り続けている事例です。本事例を読んで，「なぜ早く○○につながないのだろう？」と思われる方も多いのではないでしょうか。経験を積んだ専門職ほど，解決を急ぎがちになる傾向があります。それは，本人にとってよいことがそれまでの経験からわかってしまうため，具体的なサービスにつなぎ，生活を変化，改善させることを急いでしまうことや，そもそも多くのケースを抱える中で，一つのケースだけに多くの時間をかけられないといった事情があるのかもしれません。また，「何も変わってないではないか」と思われる方もいるかもしれません。私たちは具体的に何かが変化しないと支援をしているような気になれないのかもしれません。その意味で，第1節の事例とは違い，この事例はまちの保健室の典型的な事例ではありませんが，まちの保健室だからできる支援の一端をみせてくれる事例といえるでしょう。

　このケースのように，孤独や生きづらさを抱えながら生活している人にとってそれを受け止め，歩み出すには時間がかかるのではないでしょうか。大きな変化はなくともあきらめずにつかず離れず付き合っていく中で，「本人の変化を待つ」ことも地域を基盤にした支援の重要な役割ではないかと思うのです。まちの保健室のワーカーは，「行ったり来たり」する気持ちや状態の変化を受け止めながら，不在である時はメモを残していつでも受け止める用意があることを示し，来所した時には訴えを傾聴しながら，じっくり待ち続けているように思います。このように長期間にわたり，本人や地域と信頼関係を築きながら，「待つことのできる存在」となれるのはまちの保健室の大きな特徴です。

　もちろん，ただ待っているだけではなく，区長，民生委員，公民館長といった地域や地域包括支援センター，社会福祉協議会が情報を共有し，サロンへの参加を促すなど，本人が地域から排除されないよう，緩やかな見守りの体制が構築されています。

　こうした中で，行きつ戻りつしながらではありますが，本人が孤独を受け止め，積極的な変化に向けて少しずつ歩み出していくこと，自分からそうした変化を求めていくことの兆しがみえはじめています。

　本事例を検討して，「本人の変化を待つ」というのは，専門職にも根気が必要であること，そして長期にわたり本人を受け止め，寄り添える専門職の必要性と「解決だけが解決でないこと」を学びました。もちろん，ただ待つのではなく，何を「待っているのか」を意識しながら「見守る」ことが大切なことは言うまでもありません。待っているのは大きな問題ではなくて，劇的ではないにしても積極的な

197

変化なはずだからです。
　なお，この事例では緊急対応の場面（「死にたい」とのSOSの場面）があります。ここでは地域包括支援センターと連携をとり，その指示の中で柔軟に対応しています。本来の役割ではない場面ですが，緊急時の場合として地域包括支援センターの指示のもと，こうした対応をとっていることを付け加えておきます。

コラム9　まちの保健室と一緒にすすめる権利擁護

名張市地域包括支援センター社会福祉士
中嶋知子

　地域包括支援センターの業務には，総合相談支援業務，権利擁護業務，包括的・継続的ケアマネジメント支援業務，介護予防ケアマネジメント業務があります。特に権利擁護業務に関していえば，地域の信頼の厚いまちの保健室との連携はなくてはならないものです。

　地域包括支援センターで得た悪質業者の情報は，まちの保健室に情報提供することで，地域の民生委員への情報提供や，地域のサロン等の集まりや戸別訪問の際に，高齢者やその家族に対し，タイムリーにきめ細やかにその情報を届け，同じ手口の被害に遭わないよう，説明の仕方を工夫し，注意を促してくれます。

　また，高齢者が被害に遭った時なども，いち早く，まちの保健室に相談があります。まちの保健室職員から地域包括支援センターへ連絡があり，被害救済に結びつくケースもあります。地域包括支援センター職員が，その高齢者宅に訪問しますが，まちの保健室職員と同行することで，高齢者は安心していろいろな話をしてくださいますので，より詳細に情報を聞き取る事ができます。

　また，セルフネグレクト予備軍状態にある高齢者や不適切な環境にいる高齢者に関する情報なども，地域の人の何気ない会話の中から，まちの保健室職員が情報を得ることもあります。相談というほどの事でもないが「気になる」程度の事でも，まちの保健室に情報が寄せられるため，大きな問題になる前に対応することができます。

　このようにまちの保健室は，地域で生活する社会的弱者である高齢者の権利侵害に対し，素早く情報をキャッチし，解決に結びつくように地域包括支援センターと一緒に対応します。身近な存在としての強みを生かし，地域との密接な関係の中で，地域包括支援センターではなし得ない，その地域の実情に応じた支援を展開しています。まちの保健室のネットワークに支えられ，私たち地域包括支援センター職員は，権利擁護事業を展開している事を強く実感しています。高齢者世帯や，なんらかの見守りが必要な世帯などに対し，自分達の生活状態等を気遣って訪ねてくるまちの保健室職員は，地域の方達から絶大な信頼を寄せられています。高齢者の方がまちの保健室の職員に見せる笑顔がすべてを物語っています。

第7章　地域包括ケアシステムを住民とともに創る

本章の内容

> 本章では本書全体をまとめ，結論を述べる。第１章から６章までの検討結果を踏まえ，「主体的で専門職を活用できる地域の力」，つまり問題を解決していく主体が，地域であり住民自身であることを基軸にして，「地域と連携できる専門職の力」「地域が主体性を発揮し，専門職が地域と連携することを促すしくみ」をどのようにデザインすればよいのかまとめ，名張市の事例からみえてきた「住民と創る」地域包括ケアシステム構築のヒントについて結論を述べる。

本書では，三重県名張市の取り組みを検討する中で，住民自治を促進する政策と身近な地域の中にある初期総合相談窓口の役割について考察してきた。

しかし，こうした政策を実施さえすれば住民自治が自動的に進むわけではないし，窓口を身近な地域に設置したからといって無条件に住民と協働した地域包括ケアが進むわけでもない。まとめにあたる本章では，各章を要約するのではなく，本書全体を通じてみえてきた「住民と創る」地域包括ケアシステムの構築に必要なことについて横断的に考えてみたい。それは，「主体的で専門職を活用できる地域の力」「地域の力と連携できる専門職の力」，そして「地域が主体性を発揮し，専門職が地域と連携できることを促すしくみ」の３点である。

１　主体的で専門職を活用できる地域の力

本書では，名張市の地域での活動についてすずらん台地区の取り組みを中心に，つつじが丘・春日丘地区やその他の地域での取り組みを検討し，また，

民生委員の調査やサロン活動などの調査を通じて，住民の視点からみた総合相談や専門職の役割について考えてきた。

　私たちが話をうかがった地域活動の担い手に共通していたのは，一言でいえば自分たちの切実な課題は，自分たちが主体となって解決していくという姿勢である。それを前提に，行政や専門職に何を手伝ってもらえるかを考えており，決してその逆ではなかった。

　例えば，つつじが丘・春日丘地区の社会福祉協議会では，高齢になってもこの地域で暮らしたいという思いから出発して，サロン活動と配食サービスを通じた地域の見守り活動を民生委員と協力しながら展開している。民生委員の月1回の見守り，週1回の配食による見守り，サロンでの見守りといったそれぞれの活動はバラバラではなく「しくみ」として機能するように考えられている。しかし，このしくみだけでは解決が難しいケースや民生委員が何らかの事情でうまく機能しない場合などに，まちの保健室が「頼りになる存在」として認識されているのである。あくまで主体は住民の活動であって，認知症サポーター養成講座を開いてサポーターを養成することも，彼らが必要だと考えて実施を要請するのであって，その逆ではなかった。ライフサポートクラブの活動も，この地域で暮らし続けるために何が必要か，そしてその活動を実現するにはどうすれば良いのか，知恵を絞る中で活動が生まれ，足りない部分を行政やまちの保健室にサポートしてほしいと考えている点で共通していた。

　「住民と創る地域包括ケアシステム」においては，専門職の役割を考えるうえでも，市町村の役割を考えるうえでも，このことが出発点であり目標なのではないだろうか。そうでないと，専門職は「住民と創る」のではなく，「住民をいかに活用するか」と考え，市町村は「住民と創る」のではなく，「住民にいかに（市町村にお金がないのでかわりに）やらせるか」という発想から抜け出せないからである。こうした視点に立って，専門職と市町村の役割を考えてみたい。

2 「地域の力」と連携できる「専門職の力」

第3章では身近な総合相談の窓口が果たす機能を以下のようにまとめた。

① 安心して相談できる地域の情報拠点
② パイプ役（核）
③ 長期のかかわり
④ 地域とのかかわり
⑤ 専門職でありながら専門職らしくないワーカーのかかわり

これらの機能は，総合相談で求められているニーズの発見から見守りを含めた総合的な支援を，継続的にネットワークで展開するために重要な機能でもあるが，「地域の力と連携する」という視点からも大切な機能であると考えられる。

すなわち，いつでも相談ができ，自分たちで解決していくことが難しい問題についてパイプ役（核）となり，制度利用の有無にかかわらず継続的に地域と一緒に，もしくは地域に必要なことを支援するという機能である。そして，地域の身近な場所で一緒に考えていくスタイルの専門職には，どうしても「専門職でもありながら専門職らしくない」という立ち位置が必要になってくる。専門職がいるのであれば，「全部その人たちにやってもらえばよいではないか」と地域の人が考えるようになったり，地域の人から好かれるために「何でもかんでもやらなければ」と職員が考えて「御用聞き」のようになってしまっては，かえって地域の主体性を奪ってしまうことになる。「専門職でありながら専門職らしくない」という立ち位置は，その微妙なバランスの上に成り立つように思われる。

これらの「機能」は，地域包括支援センターもしくはそのブランチ（在宅介

護支援センターなどを含めて)，社会福祉協議会やその地域担当ワーカーといった「地域と一緒に支援する」機関・専門職に共通して求められる役割といってよいのではないだろうか。

　また，第5章では「専門職が見守りに入ることによる効果」として以下の4点を指摘した。

①　専門職が介入することによる関係のダイナミズムの変化。
②　適切なタイミングで必要な支援につなぐことができる。
③　(身近であるために) 緊急時などにすぐに動ける (フットワークの軽さ)。
③　地域の安心の存在 (本人にとっても支援者にとっても) になっている。

　これらは，地域と一緒に支援する身近な相談窓口の専門職の実際の動きであり，見守り活動に限らず，地域と協働する際に必要な専門職のあり方のように思われる。地域が主体的に問題解決に動けたとしても，どうしても専門職のかかわりが必要な場面が出てくる。それが，地域がかかわることが難しいケースへの介入や制度につないでいくこと，緊急対応であり，そうした専門職の対応が「安心の存在」としての認知につながる。

　以上のような総合相談窓口の機能とワーカーの役割が，地域と協働する専門職の力であると考えられる。

3　地域が主体性を発揮し，専門職が地域と連携できることを促すしくみ

　地域の主体性を高め，専門職が地域と連携できるような「しかけ」や「しくみ」をデザインしていくことは，市町村の役割である。本書で検討した名張市のデザインの特徴は，以下の点にあった。

① 地域内分権を大胆に進めており，地域づくり組織に対し，予算及び権限を委譲する「住民自治」を強化する取り組みが進んでいること。
② 小学校区単位に地域づくり組織や地域の様々な組織，人とのネットワークの要であり，地域包括ケアの初期総合相談を担うまちの保健室を設置し，有資格の専門職を配置していること。
③ 地域内分権と地域包括ケアの施策を連動させて機能させていくという「デザイン」。

もちろん，この3点が普遍的に妥当する「住民と創る」地域包括ケアの条件でないとしても，住民自治を強化する取り組み，そしてその取り組みを地域包括ケアと連動させる「しかけ」（名張市の場合は，まちの保健室という「しかけ」）が必要だということである。

住民自治を強化するために地域内分権は有効な選択肢であると思われるが，形式的に地域内分権を進めることが自動的に住民自治を強化するとはいえない。地方自治体が自治体経営の合理化といった視点からのみ地域内分権を進めようとすれば，地域への課題の丸投げという批判を免れないだろう（国の分権化と同じように！）。また，拙速に進めることでかえって既存の地域団体に屋上屋を重ね，足かせや混乱のもとになることも考えられる。しかしながら，地域での人材が疲弊し，高齢化し，ますます共働きが一般的になる中で，今までと同じようなコミュニティ施策では，早晩行き詰まるのは目にみえている。地域内分権という方法をとらないとしても，住民自治を強化する取り組みに新しいアイディアとイノベーションが求められているといえる。

また，住民自治と地域包括ケアを無関係の施策としてではなく，連動するものとして考えていくという視点が必要になることを強調したい。行政組織は縦割りであるため，第2章でも指摘したように，地域団体もそれに従って縦割りに組織され，様々な重複が生まれてしまった。しかし実際に住民の生活は，行政の縦割りにそって成り立っているわけではない。特に，地域包括

ケアは，地域社会からの支援を期待するシステムである以上，コミュニティ施策と連動させて展開すべきである。連動させるためには，そのための「しかけ」が必要であるが，名張市の場合はそれが関係団体のネットワークの核として位置づけられた「まちの保健室」という構想であった。もちろん，こうした「しかけ」はそれぞれの市町村の実情に応じて，まちの保健室のような地域包括支援センターのブランチが担ったり，地域包括支援センターや社会福祉協議会の地区担当者のような人が担ったり，小規模多機能型居宅介護のような地域との連携が制度的に求められる施設が担ったりすることができると思われる。こうした「しかけ」を行政や専門職が市民と協議しながら考えていくことが必要だろう。

4　ニワトリが先か卵が先か

　この「主体的で専門職を活用できる地域の力」「地域の力と連携できる専門職の力」，そして「地域が主体性を発揮し，専門職が地域と連携することを促すしくみ」のそれぞれは，相互に連動しているものであり，それぞれが「住民と創る」地域包括ケアにおける住民，専門職，基礎自治体のあるべき姿勢ではないかと思う。それぞれの要素は，「ニワトリと卵」と同じように，どれが最も重要であるかを一概には決められないし，どういう手順で3つの要素を組み立てていけば「住民と創る」地域包括ケアシステムが構築できるのかというデザインの手引きを示すことも難しい。

　もちろん，そのバランスは，市町村によっても，そして同じ市町村の中でも異なるだろう。住民の主体性を引き出すような努力が必要な地域もあれば，むしろ専門職が変わらなければいけない地域もあるかもしれない。住民と専門職が一生懸命協働しようとしているのを，市町村がバックアップしきれていないという地域もあるだろう。

　最後に，「住民が切実な課題としてとらえたことに対して，『住民が主体』

になって解決していく」ことを起点としていくために，名張市との共同研究で感じたことを記して，本書の締めくくりとしたい．住民の主体性を高めるための取り組みは，「住民自身が地域の問題に気づく・考える・共有する」というプロセスを大切にすることが一つのポイントだと考えている．名張市に限らず，住民とともに地域福祉や地域包括ケアを創ってきた市町村に共通しているのは地域福祉計画などを活用し，住民自身が地域課題に気づき，共有できるような機会や場を大切にしていることだと思う．名張市の政策担当者がこうした認識を持っていたことは，山口伴尚氏のコラム（「ともに創る福祉」を目指して）をみていただけるとよく理解できると思う．

　住民自治は本来住民の側から要請されるものであるが，実際には市町村の側からそれを提案するという形になりがちなのが現状である．国が求める地域包括ケアにおける「互助」や「地域の力」に対する期待にも同様な面がある．主客が転倒しないようにするためには，「しくみ」の形だけでなく，住民自身の気づきやそれを共有する機会を行政や専門職が丁寧に作り，話し合い，一緒に考えていくというプロセスを大切することが必要だと思う．

　「ニワトリと卵」の問題と同様に原因と結果の端緒ばかりに気をとられることはしばしば無益であり，地域包括ケアにおいても気づいた人から動き出すしかないだろう．住民とともに創る地域包括ケアシステムのアイディアとイノベーションは，それぞれの地域で創り出していく必要があるが，そのヒントは様々な地域の試行錯誤（実践知）から学ぶことができるはずである．

コラム10 適切な行政サービスに導いてくれるまちの保健室

元・名張市地域包括支援センター事務員
大浜隆暢
野口泰弘

　市役所には，高齢者から漠然とした不安からくる相談の電話がよくあります。そんなときは，まちの保健室を紹介し，そこでじっくり話をしてもらい，必要に応じて定期的な訪問や電話での声かけを約束させていただくと，それだけで安心していただけることが多いです。これまで市役所の窓口で何らかの対応を求められたとき，型にはまったサービスへのあてはめを行うことで，判断をしていましたが，そうすると，出来ないことに不満をもらすだけでなく，出来たとしても不必要なサービスに不満を募らす場合も多々あります。

　しかし，今の名張市では，サービスありきの対応ではなく，まちの保健室の見守りによって，何となくかかわることができます。ある意味ファジーな対応が出来ているのです。そして，長い時間かかわる中で，本人や家族との関係をつくり，必要なタイミングで必要なサービスの利用を調整することが可能になっています。また，まちの保健室ができてからは，心配だから介護認定を受けておこうとか，つながりが欲しくて何かのサービスを使っておきたいといったことも少なくなっています。

　まちの保健室の動きを見てみると，もちろん相談を待っているだけでなく，時間を見つけては，高齢者宅を訪れ世間話をしたり，サロンなど高齢者が多く集まる場所やイベントに足繁く通い，顔馴染みとなることで，気軽に相談できる地域の身近な存在となっています。そんなわけで，まちの保健室には，高齢者からの相談や悩みだけでなく，生活上のちょっとしたつまずきや，不安にさせていること，愚痴めいたことも含めていろんな気づきが集積されてきています。その気づきは，行政の型にはまりがちなアンケートでは決して知りえないものです。しかし，その気づきは，職員にとっては日々接する当たり前のことであり，そのことに対する自覚が職員にはあまりありません。そこで，地域包括支援センターでは，まちの保健室の無意識でもある営みから，高齢者の課題を読み解き，介護保険事業計画をはじめとした施策に反映させるのです。

　まさに，まちの保健室は，行政がこれまで不得手としていたきめ細かで柔軟なサービスを可能にし，高齢者施策をあるべき姿に導く原動力だと確信しています。

　　　　　あ と が き

　ある地域福祉計画策定委員会の会議の場でこんなことがあった。

　学識経験者が，「他市ではごみ出しのできない方を対象に，業者に委託してごみ出しの支援をしているところもある」と発言した。それに対して，住民の委員が間髪をいれず「それはまずいでしょう。確かに必要な場合もあるかもしれないが，私らはそういうのは地域でやることだと思ってやっています」と力強く発言した。

　このやり取りをどう考えれば良いのだろうか。このやり取りには，地域福祉の面白くて難しいところが凝縮されているように思う。地域福祉では，専門職が「地域の力を奪ってはいけない」という言い方をすることがある。専門職の支援が入ることで，それまでその人が維持してきたその人を支える力が弱くなることがある。「ヘルパーが入ったなら安心だから，もう見守らなくていい」と考えてしまう隣人もいるかもしれない。また，専門職がそういう態度を示すこともある。「素人は口を出さなくてもよい」と（口には出さなくても）。
　しかし一方で，地域とのかかわりを望まない人もいるだろうし，できる地域とできない地域もあるだろうから，やはり制度としてそうしたサービスを充実させていくべきではないか，という意見にも一理ある。そして，制度や専門職による支援は，地域が力を発揮していくために必要でもある。本書でみてきたように，専門職がしっかりとかかわる姿勢をみせると地域は逆に自分たちがなんでも抱え込まなくてよいことを知り，安心できるのである。
　平たくいえば，どちらも必要なのだが，少なくとも制度や専門職によるサービスや支援は，ただ量を増やせばよいということではないということは間違

いないように思う。地域と協働できる専門職の力というものが地域包括ケアや地域福祉を進めていくためには必要なのである。考えてみると，こうした能力は施設ケアではあまり強調されてこなかった点である。しかし，地域ケアでは，様々な「登場人物」がいて，力を合わせなければならない。もちろんこれは専門職としか顔を合わせない暮らしよりも，それまでその人がはぐくんできた関係を維持しながら，地域で暮らしていけることが望ましいという考えを前提にしている。

現実には「量」も不足しているから，量だけの問題ではないというのは誤解を招くかもしれないが，量だけ増やしても，専門職が地域と協働していくためのスキルを高めていかないと，結果的には「モグラたたき」のような支援を繰り返し，ますます人が必要だという悪循環に陥らざるを得ないのではないだろうか。

本書では，三重県名張市の取り組みを検討する中で，身近な地域の中にある初期総合相談窓口の役割について考察してきた。しかし，こうした窓口を身近な地域に設置すれば，無条件に地域包括ケアや地域福祉が推進できるわけではない。「自治とケア」を両立させるためには，主体的で専門職を活用できる地域の力と地域の力と協働できる専門職が必要なのだと思う。政策的にそうしたしくみやしかけを作っていくことと同時に，初期総合相談窓口のワーカーがそうした力量を高めていくことが少なくとも条件となるだろう。名張市では，そのことを目指して取り組みを進めてきているし，現実にはたくさんの課題を抱えつつも，そうしたモデルを構築しようと努力をしている。

「住民と創る地域包括ケアシステム」は，序章で述べたように，これからの超高齢化社会に向けたアイディアとイノベーションの一つのあり方である。しばしばなされるように，他市の取り組みが参考になるか，ならないかは，「外見」だけで判断すべきではない。外見とは，例えば，地域包括支援センターが「直営」か「そうでないか」とか，そういうことだ。アイディアやイノベーションへの取り組みの「中身」から学ぶべきものを見つけていくことが必要

あとがき

ではないかと思う。その中身を実践知として明らかにしていくことが実践研究（アクションリサーチ）であり，研究者の役割だと思う。本書が名張市の実践知を的確に提示できたかどうかは，読者の判断に委ねたい。

　本書の性格上，現場の皆さんに大変お世話になった。特に，次の皆さんに大変お世話になり，いろいろと教えていただいた。
　まず，お話を聞かせていただいた大橋健さん，古川高志さん，田中耕造さん。すずらん台の大橋さんのところには，何度かお邪魔し，シンポジウムでもご一緒させていただいた。古川さんには，サロンの場やまちの保健室で，地域への熱い思いを聞かせていただいた。田中さんからは，民生委員の誇りと情熱を，インタビューだけでなく地域福祉活動計画の策定委員会の場などでも教えていただいた。「結局人ですね」という結論は，こうした本で一番避けなければいけない結論だと思うので，この本では一人ひとりのご活躍には光を当てていない。しかし，こうした地域活動を支える人のボランタリーで前向きな力に私は多くのことを学び，励まされてこの本を書いた。この場を借りて感謝したい。
　まちの保健室の職員の方々にも，いろいろな形でお世話になった。特に，佐伯敦子さん，森尚子さん，田中かをるさんとは初年度の事例検討のプロジェクトを一緒に考え，アイディアをいただき，たくさん話も聞かせてもらった。また，第6章に収録した事例の作成においても助言と協力をいただいた。皆さんの「まち保魂」にすっかり惚れ込んで，本まで書くことになってしまった。もちろん，まち保職員の皆さんお一人おひとりに事例検討，研修，会議などを通じて大変お世話になった。皆さんに感謝申し上げたい。
　そして，名張市職員の皆さんにも，約5年間のかかわりの中で，たくさんの方にお世話になった。そもそも名張市に初めてうかがうことになったきっかけは，2009年に開かれた「みんなで考える　地域福祉シンポジウム」に呼んでいただいたことがきっかけだった。市長があいさつだけして退席するの

かと思ったら，最後まで残ってシンポジウムを聞いて帰られたことが印象に残っている。私のこれまでの経験で，登壇者ではない市長が最後まで残っていたのは現在でもこの時だけだ。そこで前述の大橋さん，前名張地区まちの保健室の佐伯さんとご一緒したのがかかわりのきっかけとなった。その後，地域福祉計画の策定委員としてかかわり，2010年度から3年間は，安心生活創造事業にかかわる研究ということで，地域包括支援センターと一緒に研究を行ってきた。

そんなことで，当時地域福祉計画を担当されていた健康福祉政策室長で健康福祉部長（当時）の山口伴尚さん，同政策室（当時）の奥出裕香子さん，地域包括支援センター長（当時）北森祥子さん，地域包括支援センター主査（当時）の野口泰弘さん，現在の地域包括支援センター長田中明子さん，副センター長で社会福祉士の中嶋知子さん，保健師の森田ももさん，同じく保健師の半田公美さん，地域福祉活動計画などを通じて健康福祉政策室長の高嶋正広さん，民生委員の調査や地域づくり組織の有償サービスについては同副室長の吉岡恵子さん，今は厚生労働省に戻られた平嶋由人さん，そして地域包括支援センターの大浜隆暢さんといった職員の方々に大変お世話になった。多くの職員の皆さんのご協力に感謝したい。

なお，このように本書のもとになった研究は多くの方の協力に基づくものであるが，本書の中の意見はあくまで筆者個人のものであり，こうした協力者の方の見解ではないことをお断りしておきたい。

最後に，同志社大学社会学部の野村裕美先生には，お忙しい中，事例検討のスーパーバイザーとして関わっていただき，貴重な助言をしていただいた。また，ミネルヴァ書房の音田潔さんには本書をまとめるにあたって大変お世話になった。記して感謝したい。

2013年2月

永田　祐

参 考 文 献

安心生活創造事業推進検討会（2012）「安心生活創造事業成果報告書」厚生労働省。
朝倉美江（2010）「地域ケアシステムづくりへの挑戦」朝倉美江・太田貞司『地域ケアシステムとその変革主体――市民・当事者と地域ケア』光生館。
地域包括ケア研究会（2009）「地域包括ケア研究会報告書――今後の検討のための論点整理」三菱UFJリサーチ＆コンサルティング。
地域包括ケア研究会（2010）「地域包括ケア研究会報告書」三菱UFJリサーチ＆コンサルティング。
地域総合相談・生活支援システム及びワーカーの専門職に関する委員会（2006）「地域総合相談・生活支援システム及びワーカーの専門職に関する検討委員会報告書」全国社会福祉協議会。
長寿社会開発センター（2010）『地域包括支援センター業務マニュアル』長寿社会開発センター。
Colombo, F. et.al. (2011) *Help Wanted? Providing for Long-Term Care*, OECD Heealth Policy Studies, OECD Publishing.
藤井博志（2010）「地域福祉計画と地域ケアシステム」朝倉美江・太田貞司『地域ケアシステムとその変革主体――市民・当事者と地域ケア』光生館。
原田正樹（2010）「小地域福祉活動の展開と専門職支援」平野隆之・原田正樹『地域福祉の展開』放送大学出版協会。
原田正樹（2012）「地域福祉計画と地域包括ケアシステム」岩間伸之・原田正樹『地域福祉援助をつかむ』有斐閣。
細野ゆり・小池治（2012）「地域包括ケアガヴァナンスの変容」『横浜国際社会科学研究』16(6), 11-25頁。
猪俣周平（2011）「地域包括ケアの社会理論への課題――健康概念の転換期におけるヘルスケア政策」『社会政策』2(3), 21-38頁。
池田省三（2011）「介護保険論――福祉の解体と再生」中央法規出版。
これからの地域福祉のあり方に関する研究会（2008）「地域における『新たな支え合い』を求めて――住民と行政の協働による新しい福祉」全国社会福祉協議会。
岩間伸之（2005）『援助を深める事例研究の方法　第2版――対人援助のためのケースカンファレンス』ミネルヴァ書房。
岩間伸之（2012）「個と地域の一体的支援」岩間伸之・原田正樹『地域福祉援助をつかむ』有斐閣。

岩崎恭典（2003）「都市内分権の現在・過去・未来」『都市問題』94(4), 3-15頁。
井上信宏（2010）「一人暮らし高齢者の『住まい』と社会的孤立──「ゴミ屋敷」を通して見えるニーズと社会福祉の役割」『社会福祉研究』110, 113-121頁。
井上信宏（2011）「地域包括ケアシステムの機能と地域包括支援センターの役割」『地域福祉研究』39, 12-23頁。
石田光規（2011）『孤立の社会学──無縁社会の処方箋』勁草書房。
川喜多二郎（1967）『発想法──創造性開発のために』中央公論社。
加川充浩（2010）「地域包括ケアの推進方法とその構造──困難事例解決と社会福祉協議会活動の取り組みを通じて」『島根大学社会福祉論集』3, 1-25頁。
亀井利克（2004a）「名張市の挑戦」『コミュニティ政策』2, 94-105頁。
亀井利克（2004b）「自主自立の自治体を目指しゆめづくり地域予算制度を創設」『ガバナンス』34, 88-91頁。
金井敏（2011）「民生委員・児童委員による見守り活動をめぐる実際と課題」東洋大学福祉社会開発研究センター編『地域におけるつながり・見守りのかたち──福祉社会の形成に向けて』中央法規出版。
川島ゆり子（2011）『地域を基盤としたソーシャルワークの展開──コミュニティケアネットワーク構築の実践』ミネルヴァ書房。
木原孝久（2012）「世話焼きさんがご近所ヘルパーになった時──これで共助と公助の協働が実現」『住民流福祉』379, 7-11頁。
小林良二（2011）「虚弱な高齢者に対する地域住民の『見守り』について」東洋大学福祉社会開発研究センター編『地域におけるつながり・見守りのかたち──福祉社会の形成に向けて』中央法規出版。
松浪健治郎・薮崎奏菜・浦山益郎（2008）「まちづくり事業体としてのコミュニティ組織の実効性に関する研究──三重県名張市の地域づくり委員会を事例として」『都市計画論文集』43(3), 511-516頁。
松繁卓哉（2012）「地域包括ケアシステムにおける自助・互助の課題」『保健医療科学』61(2), 113-118頁。
松下英子（2004）「名張市における『ゆめづくり地域予算制度』」『都市問題』95(10), 79-89頁。
真山達志（2001）『政策形成の本質──現代自治体の政策形成能力』成文堂。
森本佳樹（2011）「地域福祉と『地域包括ケア』」太田貞二・森本佳樹編著『地域包括ケアシステム──その考え方と課題』光生館。
名張市健康福祉政策室（2010）「名張市における地域福祉の取り組みと地域における実践事例──すずらん台ライフサポートクラブの取組み」。

参考文献

名張市地域部地域経営室(2012)「名張市　ゆめづくり地域予算制度　平成24年度版」名張市地域部地域経営室。

永田祐（2008）「地域福祉の視点からみるローカルガバナンス」『地域福祉研究』36, 2-4頁。

永田祐・室田信一（2010）「地域福祉における『新たな福祉サービス』の開発の推進」埋橋孝文編著『新しい福祉サービスの展開と人材育成』法律文化社。

永田祐（2011a）「自治とケアをつなぐ――三重県名張市の地域内分権と地域福祉・地域包括ケアの取り組みから」『地域福祉研究』39, 35-47頁。

永田祐（2011b）『ローカルガバナンスと参加――イギリスにおける市民主体の地域再生』中央法規出版。

中川幾郎（2011）「地方分権から地域自治へ」中川幾郎編著『コミュニティ再生のための地域自治のしくみと実践』学芸出版社。

直田春夫・辻上浩司（2011）「伊賀市と名張市の地域自治システム」中川幾郎編著『コミュニティ再生のための地域自治のしくみと実践』学芸出版社。

日本社会福祉士会（2008）「地域包括支援センターにおける総合相談・権利擁護業務の評価に関する研究事業報告書」日本社会福祉士会。

日本社会福祉士会編（2012）『改訂 地域包括支援センターのソーシャルワーク実践』中央法規出版。

西尾勝（2007）『地方分権改革』東京大学出版会。

太田貞二（2011）「地域社会を支える『地域包括ケアシステム』」太田貞二・森本佳樹編著『地域包括ケアシステム――その考え方と課題』光生館。

太田貞二（2012）「大都市の『見えにくさ』と『地域』を描く力」太田貞二編著『大都市の地域包括ケアシステム――『見えにくさ』と『描く力』』光生館。

大口達也（2011）「市区町村と『地域包括ケア』」太田貞二・森本佳樹編著『地域包括ケアシステム――その考え方と課題』光生館。

李恩心（2011）「高齢者相談窓口の総合化に関する一考察――『総合相談』窓口の変遷を中心に」『現代福祉研究』11, 191-202頁。

酒井久仁子（2009）「在宅生活に効果的な地域における見守りについて」『認知症ケアジャーナル』2(2), 164-167頁。

坂本圭介（2009）「認知症の人を地域で見守る取り組みを始めた住民たちの後方からの見守り――地域における見守り」『認知症ケアジャーナル』2(2), 168-171頁。

新藤宗之・武智秀之（1992）「福祉国家における政府間関係」社会保障研究所編『福祉国家の政府間関係』東京大学出版会。

新自治用語辞典編纂委員会編（2000）『新自治用語辞典』ぎょうせい。

副田あけみ（2004）「介護保険以前の在宅介護支援センター」副田あけみ編著『介護保険下の在宅介護支援センター——ケアマネジメントとソーシャルワーク』中央法規出版．

染野徳一・吉川琢夫・平坂義則・永田祐（2011）「専門職と地域との『共有の場』の効果と運営方法——『個別支援』から『地域支援』への展開の場とするための実践研究の試み」『地域福祉実践研究』2，19-30頁．

角田禎子（2009）「地域で生活する認知症の人を支える『見守り』の重要性——地域の人の見守りが認知症の人を支えている事例」『認知症ケアジャーナル』2(2)，160-167頁．

田垣正晋（2008）『これからはじめる医療・福祉の質的研究入門』中央法規出版．

高橋紘士（2012）「地域包括ケアシステムへの道」高橋紘士編『地域包括ケアシステム』オーム社．

玉野和志（2006）「90年代以降の分権改革と地域ガバナンス」岩崎信彦・矢澤澄子監修『地域社会の政策とガバナンス』（地域社会学講座3）東信堂．

玉野和志（2007）「コミュニティからパートナーシップへ——地方分権改革とコミュニティ政策の転換」羽貝正美編著『自治と参加・協働——ローカル・ガバナンスの再構築』学芸出版社．

田村満子（2008）「総合相談業務と権利擁護の実務」高橋紘士編『地域包括支援センター実務必携』オーム社．

田中八州夫（2012）「地域包括支援センターの総合相談機能の現状と展望について」『行苦情救済&オンブズマン』23，71-79頁．

谷川良博（2009）「見守りの本質を探る」『認知症ケアジャーナル』2(3)，265-271頁．

鳥羽美香（2008）「地域包括ケアと社会福祉士の役割——包括的・継続的ケアとネットワーク形成の課題」『高齢者のケアと行動科学』14(1)，2-10頁．

東京都福祉保健局（2010）「基幹型地域包括支援センターモデル事業報告書」．

筒井真優美編著（2010）『研究と実践をつなぐアクションリサーチ入門——看護研究の新たなステージへ』ライフサポート社．

筒井孝子（2012）「日本の地域包括ケアシステムにおけるサービス提供の考え方——自助・互助・共助の役割分担と生活支援サービスのありかた」『季刊社会保障研究』47(4)，368-381頁．

土屋幸己（2010）「地域包括支援センターを核とした福祉総合相談体制と見守りネットワーク」『地域ケアリング』12(5)，24-30頁．

堤修三（2010）『介護保険の意味論——制度の本質から介護保険のこれからを考える』中央法規出版．

参考文献

右田紀久恵(1993＝2005)「自治型地域福祉の理論化」『自治型地域福祉の理論』ミネルヴァ書房。

渡部律子(2002)「ソーシャルワークの実践過程」北島英治・副田あけみ・高橋重宏・渡部律子編『ソーシャルワーク実践の基礎理論』有斐閣。

山口昇(2012)「地域包括ケアのスタートと展開」高橋紘士編『地域包括ケアシステム』オーム社。

山本一郎(2008)「大都市のガバナンスとエリア・マネジメント——地域ケアプラザの実践を通じて」『地域福祉研究』36, 50-61頁。

山本繁樹(2007)「地域包括支援センターにおける『総合相談』の意義と展開——ソーシャルワーカーの取り組みの基本視点」『ソーシャルワーク研究』33(3), 13-21頁。

山崎美貴子(2007)「ソーシャルワーク実践における『総合相談』の動向と求められる機能」『ソーシャルワーク研究』33(3), 4-12頁。

全国地域包括・在宅介護支援センター協議会(2010)「地域包括・在宅介護支援センターのネットワークづくりの手順——地域包括ケアをすすめるネットワークのつくり方 地域包括・在宅介護支援センターの機能強化及び業務の検証並びに改善手法に関する調査研究事業報告書」全国地域包括・在宅介護支援センター協議会。

全国社会福祉協議会(2006)「地域の福祉力向上に関する調査研究委員会報告書」全国社会福祉協議会。

索　引

あ 行

アウトリーチ　114
アクションリサーチ　10, 89
アセスメント　132-136, 157-158
安心生活創造事業　53, 137
　──成果報告書　133
安否確認　132-135
一括交付金　43-44
インフォーマルな社会資源　14
エコマップ　80, 133

か 行

介護支援専門員　20, 28, 74, 77, 86
介護保険事業計画　27, 30
介護予防　56, 77
　──サービス計画　53
合併特例区　39
カテゴリー
　──化　67
　──リスト　153
ガバナンス　30
観察　132
監視　2, 136
機関委任事務　38
基礎的なコミュニティ　46, 95, 115
協働　2, 201
居宅介護支援事業所　15, 77
記録　162
緊急通報システム　145
ケアマネジメント　14-15
経過記録　64, 162
軽度生活援助事業　77, 141, 145
ケース記録　10, 131, 162

圏域　15, 26, 27, 31, 48
　日常生活──　7, 16, 17, 27
権利擁護　3, 31
公民館　27, 45, 113
互助　14, 207
個人情報　87, 159
コーディング　67
個と地域の一体的支援　22
コミュニティバス　96
困難事例　19, 25

さ 行

在宅介護支援センター　15, 27, 29, 144, 157
サロン　49, 79, 86, 103, 106, 115
　高齢者──　48
　子育て──　127
参加　39
　市民──　56
市場化　21
自治　20, 21, 32, 39, 53, 210
自治会　18, 20
自治体病院　13, 16
実践研究　4
実践知　3, 11, 207
質的データ　67
社会関係　2, 75, 155
社会福祉協議会　20, 73, 89, 113
　校区──　27
　地区──　115, 118
社会福祉士　26
社会福祉法人　5, 28
住民懇談会　47, 56, 96, 102
住民自治　39, 201, 205, 207
住民主体　14, 20
小学校区　6, 27, 35, 46, 49, 58

218

索　引

小規模多機能型居宅介護　206
小地域福祉活動　115, 125, 128
事例検討　63, 163
　　——会　64
すずらん台
　　——地区　95
　　——ボランティア連絡会　99
　　——町づくり委員会　96
　　——ライフサポートクラブ　97
スーパービジョン　62, 163
生活支援サービス　20, 21, 105, 137
生活福祉資金　89
政策過程　38-39
成年後見制度　3
早期発見　1-2, 19-21, 26, 70
総合相談　23
　　初期——　48, 52, 113
組織化　56, 81

た　行

団体自治　39
地域介護・福祉空間整備等交付金　48
地域ケア会議　134, 155
地域支援　10, 23, 62, 80, 86-89
地域自治区　39
地域づくり組織　43, 44, 86, 95, 103
地域と一緒に支援する　77, 79, 167
地域内分権　6, 37, 102, 205
地域におけるネットワーク構築　24
地域ビジョン　104
地域福祉計画　29-30, 96, 102, 207
　　名張市——　47
　　名張市第二次——　53, 137
地域包括ケア　16
　　——研究会　15-16, 20
　　——システムの方向性　17
　　——のデザイン　6, 27, 31
地域包括支援センター運営協議会　29-30
地域密着型サービス　48
地域を基盤としたソーシャルワーク　23

調整問題　28-29
つつじが丘・春日丘
　　——地区　103
　　——自治協議会　103
　　——地域ビジョン　104
　　——地区社会福祉協議会　115
出会いの場　120, 126
定期訪問　75
当事者組織　86
特定非営利活動法人　28

な　行

なじみの関係　136
名張市地域づくり組織条例　46, 104
名張市の概要　35-36
名張地区　103
日常生活自立支援事業　73, 89, 155
認知症サポーター養成講座　81, 104, 174
ネットワークづくり　26, 48, 61, 103

は　行

配食サービス　77, 104, 118-119, 147
パイプ役　71, 110, 142, 179-180, 203
フォーカスグループインタビュー　153
福祉教育　81, 104
福祉の地域力　21
分権化　37
平成の大合併　36, 39
包括的住民自治組織　39, 43
補助金　40, 43, 47, 98
ボランティア　14, 19, 48, 99, 117-118, 134

ま　行

まちづくり　20, 32, 56
まちの保健室　49
　　——実践マニュアル　63
　　——単独見守りケース　152
　　——の見守りのモデル　138

219

見守り　2, 20, 53, 61, 109, 119, 131, 202
　　──体制　135, 149, 160
　　──体制の特徴　151
　　──体制の評価　149
　　──の効果　147
　　線の──　134
　　面の──　134
民営化　37
民生委員　1, 53, 61, 73, 77, 105, 144, 145, 202
モニタリング　133

や　行

有償ボランティア　54, 105, 137, 155
ゆめづくり地域予算制度　44
ゆめづくり広場　48
百合が丘地区　103

欧　文

KJ法　64, 65
NPO　19, 20

著者紹介

永田　祐（ながた・ゆう）
1974年　神奈川県に生まれる。
　　　　上智大学文学研究科社会学専攻博士後期課程修了。博士（社会福祉学）。
現　在　同志社大学社会学部准教授。
主　著　『ローカル・ガバナンスと参加――イギリスにおける市民主体の地域再生』
　　　　中央法規出版，2011年。

	新・MINERVA 福祉ライブラリー⑯
	住民と創る地域包括ケアシステム
	――名張式自治とケアをつなぐ総合相談の展開――

2013年6月20日　初版第1刷発行　　　　〈検印省略〉
2015年3月30日　初版第2刷発行

　　　　　　　　　　　　　　　　　　定価はカバーに
　　　　　　　　　　　　　　　　　　表示しています

　　　　著　者　　永　田　　　祐
　　　　発行者　　杉　田　啓　三
　　　　印刷者　　中　村　勝　弘

　　　発行所　株式会社　ミネルヴァ書房
　　　　　607-8494 京都市山科区日ノ岡堤谷町1
　　　　　　　　　電話代表　(075)581-5191
　　　　　　　　　振替口座　01020-0-8076

　　　© 永田 祐，2013　　　　　　中村印刷・清水製本

ISBN978-4-623-06581-3
Printed in Japan

福祉ガバナンスとソーシャルワーク

上野谷加代子・斉藤弥生 編著

A5判／280頁／本体6000円

自発的社会福祉と地域福祉

牧里毎治・岡本榮一・高森敬久 編著

A5判／284頁／本体6000円

ソーシャルワーカー論

空閑浩人 編著

A5判／272頁／本体4200円

ソーシャルデザインで社会的孤立を防ぐ

藤本健太郎 編著

A5判／272頁／本体3200円

孤独死を防ぐ

結城康博・中沢卓実 編著

四六判／258頁／本体1800円

福祉現場OJTハンドブック

津田耕一 著

A5判／258頁／本体2800円

ジェネラリスト・ソーシャルワークの基盤と展開

山辺朗子 著

A5判／280頁／本体3000円

――――― ミネルヴァ書房 ―――――

http://www.minervashobo.co.jp/